내가 만드는 공적 연금

내가 만드는 공적연금

고용 불안 시대의
노후 대비와
우리 세대의 과제

오건호 지음

책세상

| 차례 |

책을 펴내며

노후가 불안한 만큼 공적 연금에 대한 관심이 높다. 고령화가 빠르게 진행되는 현대 사회에서 공적 연금은 어느새 시대적 의제로 자리 잡았다. 공적 연금이 내 노후에 든든한 버팀목이 되었으면 하는 바람이 크지만 왠지 불안하다. 상식적인 생각으로도 노인 수가 빠르게 늘어나니 공적 연금이 제 역할을 다할 수 있을지 의문이 든다. 서구 나라에서도 연금은 한번 논의가 시작되면 수년씩 걸리고, 수백만 가입자들이 거리에 나올 만큼 무거운 의제다.

우리나라에서 연금 논의는 다른 나라에 비해 더욱 험난한 지형에 놓여 있다. 당장 전문가 내부에서도 연금 제도에 대한 이해가 서로 다르다. 우리나라에서 국민연금만큼 여러 해석이 등장하는 제도도 없다. 누구는 미래에 기금이 소진되어 위험하다 말하고, 이에 맞서 누구는 국민연금에 대한 불신을 조장하지 말라고 비판한다. 국민연금의 급여율을 올리자는 주장도 있고, 그러면 미래 세대의 부담이 커진다는 반론도 나온다. 전문가들끼리도 같은 제도를 두고 이렇게 진단이 엇갈리니 일반 시민들이 국민연금에 대해 어떠한 입장을 가지기는 정말 어렵다.

무엇이 문제일까? 나는 두 가지 문제의식에서 이 책을 쓰기 시작했다. 하나는 국민연금에 대한 객관적 이해다. 국민연금을 바라보는 여러 종류의 굴절된 시각이 존재한다. 이는 국민연금제도에 대한 오해와 불신에서 비롯되거나 정치적 진영 논리에 영향받은 결과이다. 이로 인해 현행 국민연금제도를 둘러싸고 현격한 이해의 차이가 존재한다. 그만큼 뜨거운 주제지만 이런 제도일수록 '있는 그대로' 보려는 노력이 절실하다. 그래야 대안 논의도 생산적으로 진행될 수 있다. 어떤 사람들에게는 불편한 내용이 될 수도 있겠지만 나는 이 책에서 기존의 통념에서 벗어나 국민연금의 현주소를 진단할 것이다.

이 책을 쓰는 또 하나의 문제의식은 연금 논의의 지평을 국민연금에서 공적 연금으로 확장하는 일이다. 지난 2006년, 책세상의 도움으로《국민연금, 공공의 적인가 사회연대 임금인가》를 출간했다. 당시 인터넷에서 급속하게 확산되었던 안티 국민연금 사태를 겪고 난 뒤 국민연금의 장점을 알리고 개혁 방안을 소개한 책이다. 그때와 비교하면 지금은 국민연금에 대한 인식이 긍정적으로 바뀌고 있다. 국민연금을 받는 수급자가 늘어나면서 그 효과가 널리 알려진 덕택이다. 그럼에도 연금에 대한 불신이 적지 않고, 지속 가능성에 대한 우려도 크며, 이제는 연금 체계도 훨씬 복잡해졌다.

10년 전 책의 핵심 단어가 국민연금이었다면 이번에는 공적 연금이다. 2007년 이전까지 일반 시민에게 적용되던 공적 연금은 국민연금 하나였지만 이제는 기초연금도 있다. 사적 연금이지만 법정 의무 제도로 퇴직연금도 조금씩 커간다. 그래서 이번에는 전체 공적 연금의 시야에서 초고령 시대의 노후 연금의 보장성과 지속 가능성을 따지고자 한다.

나는 공적 연금이 우리의 노후 대비책으로 중요한 기둥이 되기를 간절히 바란다. 대다수의 복지 시민단체, 사회복지학자들의 마음도 이와 같을 것이다. 하지만 이 책에서 내가 제시하는 국민연금에 대한 진단과 공적 연금의 개혁 방안은 대다수 공적 연금 지지자들의 주장과는 상당히 다르다. 사실 이 점이 이 책을 쓰고자 마음먹은 계기이기도 하다.

그런 만큼 조심스럽게 책의 문단 하나하나를 채우려고 노력했다. 기존에 언론이나 토론회에 발표한 글 중 책의 구성에 적합한 내용은 보완해 담기도 했다. 이 과정에서 여러 분의 도움을 받았다. 성가신 질문에 성심껏 응해주고 격려해준 국민연금연구원 김성숙 원장과 여러 연구위원들에게 감사를 드린다. 국민연금제도에 대한 진단 작업에서 이들의 도움이 없었다면 이 책은 나오지 못했을 것이다. 김원섭, 석재은, 양재진 교수와 오승연, 이용하 박사는 다양한 시각에서 초고를 읽고 귀한 조언을 주었고, 내가만드는복지국가의 남재욱 정책팀장도 유익한 토론의 벗이 되어주었다. 이 책의 주요 내용은 내가만드는복지국가의 교육 영상으로도 접할 수 있다. 유튜브에서 '오건호의 연금 이야기'라는 제목의 6회분 영상 자료를 이 책과 함께 보기를 권한다. 이 기회를 빌려 항상 힘든 일을 도맡아하고 영상까지 제작해준 이상호 사무국장에게 고마움을 전한다.

일반 시민들을 독자로 삼으며 글을 쓰고자 했으나 막상 마치고 나니 책이 다소 어렵지 않을까 하는 걱정이 든다. 거듭 부족함을 느끼며 더 정진하자고 다짐한다. 연금의 미래가 궁금하지만 공부할수록 헷갈려 하는, 그럼에도 공적 연금이 지닌 시대적 무게를 진지하게 여기는 시민들과 이 책을 나누고 싶다.

미래
아이들과의
대화

1장

100세를 바라보는 세상이다. 환갑잔치는 옛이야기가 되어버렸다. 오래전부터 인류가 꿈꾸어온 장수 시대가 눈앞에 다가오지만 이를 맞는 사람들의 표정은 밝지 않다. 수명이 길어지는 것이야 좋은 일이지만 노후 준비가 벅찬 탓이다. 축복으로 여겨져야 할 장수가 개인에게는 불안으로, 사회적으로는 재앙으로까지 묘사된다. 노후를 대비하는 필수 준비물로 공적 연금이 주목받는 이유이다. 그런데 공적 연금 역시 힘겨운 상황에 놓여 있다. 정말 공적 연금이 내 노후의 든든한 벗이 될 수 있을까?

공적 연금과 연대

근래 공적 연금에 대한 관심이 크다. 공적 연금은 민간 보험회사가 판매하는 개인연금과 달리 국가가 직접 관리하는 노인복지다. 공적 연금에는 특수 직역 종사자에게 적용되는 공무원연금, 사학연금, 군인연금과 일반 국민을 대상으로 하는 국민연금, 기초연금이 있다. 노년에 들어선 사람들이 많아지면서 공적 연금을 받는 노인들을 종종 볼 수 있다. 공무원연금이나 사학연금을 받고 있다면 다른 노인들의 부러움 혹은 시새움의 대상이 된다. 금액이 그리 많지는 않지만 국민연금도 동네 경로당에선 연금을 받는 노인과 그렇지 않은 노인으로 편이 갈릴 정도로 효자 노릇을 한다.

공적 연금은 노후 생활을 지탱하는 현금 소득이다. 경제활동에서 은퇴한 노인에겐 지속적으로 제공되는 공적 연금만큼 든든한 버팀목도 없을 것이다. 노무현 정부 시절인 2004년에는 '안티 국민연금' 사태까지 발생할 정도로 국민연금에 대한 불신이 컸지만 점차 연금이 '내 노후에 꼭 필요한 동반자' 혹은 그랬으면 좋겠다는 기대가 높다. 실제로 국민연금을 받는 노인들은 그냥 빼앗긴다고 여겼던 보험료가 연금으로 되돌아오니 대견해한다. 2008년부터는 기초노령연금도 도입되었다. 이름이 기초연금으로 바뀌면서는 금액도 약 20만 원으로 2배 올랐으니 괜찮은 노후 복지 제도라고 할 수 있다.

공적 연금은 노후를 위한 연대 제도라고 부를 수 있다. 사적 연금도 노후의 위험을 대비하지만 개인별로 노후를 준비하는 시장 제도라는 점에서 차이가 있다. 공적 연금에서 가장 기본적인 연대는 장수자와 단명자의 연대이다. 공적 연금은 연금액을 살아 있는 동안 매월 지급한다. 젊었을 때 같은 소득을 벌어 경제 능력이 비슷하더라도 언제까지 사느냐에 따라 노후 비용의 총량은 다르다. 공적 연금은 장수자를 위한 생활비를 단명자의 재원에 의존한다는 점에서 장수자와 단명자의 연대를 구현한다. 가입자가 낸 보험료에 비례해 급여의 총량이 미리 정해지는 사적 연금이 따라올 수 없는 공적 연금만의 특징이다.

공적 연금의 연대는 여기서 그치지 않는다. '공적'인 까닭에 다양한 '재분배'를 담을 수 있다. 자식들이 부모를 부양하듯이 미래 세대가 공적 연금을 통해 현재 세대의 노후를 책임진다면 세대 간 연대가 구현되고, 이 과정에서 하위 계층에 우호적인 하후상박 효과가 발생한다면 세대 내 계층 간의 연대도 달성할 수 있다.

여기서는 질문만 던지고 가자. 과연 우리나라의 공적 연금은 세대 간, 세대 내의 연대를 구현하고 있을까?

불신을 부추기는 연금 정치

공적 연금이 연대를 구현하는 '아름다운' 제도이건만 한국에서의 상황은 그리 녹녹지 않다. 초고령화를 맞는 21세기 인류 사회의 일반적인 과제라고 할 수 있지만 한국의 연금제도는 특히 불안정한 상태에 있다. 무엇보다 '기금이 소진된다는데 나중에 받을 수 있을까'라는 우려가 크다. 여기에 연금 정치까지 불신을 더하는 데 한몫

한다. 공적 연금에 대한 신뢰를 쌓기보다는 오히려 갈등과 불신을 부추기는 연금 정치가 되풀이돼왔다.

나는 2000년대 초반부터 연금 개혁 논의에 참여해왔다. 이 기간에 진행된 연금 정치를 보면 안타깝게도 뿌리를 가진 연금 노선보다는 여야의 진영 논리를 접하게 된다. 야당이거나 선거 때면 공적 연금의 강화를 주창하다가 여당이 되면 거꾸로 가는 요지경 연금 정치였다.

노무현 대통령은 2002년 대통령 선거 TV 토론에서 국민연금의 급여율을 낮춰야 한다는 이회창 후보를 향해 "용돈 연금 만들 거냐"며 비판했다. 이날을 계기로 우리나라에서는 '용돈 연금'이라는 단어가 생겼고, 상대 후보는 궁지에 몰렸다. 하지만 그는 취임하고 반년 만에 국민연금의 급여율을 낮추는 법 개정안을 내놓았다.

2007년 대통령 선거에서 이명박 후보는 기초노령연금을 20만 원으로 올리겠다고 약속했다. 그런데 정작 대통령이 되고 나서는 아예 인상에 대해 검토조차 하지 않았다. 다시 2012년 대통령 선거에서 박근혜 후보는 "모든 어르신에게 20만 원"을 약속했다. 그러나 이번에도 인수위원회에서 바로 공약을 수정해 기초연금을 국민연금과 연계해 깎고, 이후 물가와 연동해 연금액의 자연 증가 폭도 낮추는 상처투성이 제도로 만들어버렸다.

2015년 공적 연금 강화 논의에서 제1야당인 새정치민주연합은 국민연금의 급여율 인상을 요구했다. 국민연금의 급여율을 높여 노무현 정부에서 단행했던 급여율 인하를 일부 원상회복하자는 주장이었다. 집권당일 때는 그토록 미래의 재정 안정이 절박하다며 급여율을 인하하더니 야당이 되니 인상을 이야기한다.

나는 시민사회단체에서 활동한다. 연금 개혁 논의 지형에서 보면 공적 연금의 역할을 강조하는 진보적 진영에 속한다. 하지만 몇 년 전부터 내가 서 있는 곳 역시 비판에서 자유롭지 않다고 느껴왔다. 복지 시민단체들은 우리나라의 연금 실태를 '있는 그대로' 직시하고 있는가? '공적 연금 강화'라는 당위에 자족해 현재 세대의 이해관계에 안주하고 있지 않은가? 미래 연금의 지속 가능성을 진지하게 준비하고 있는가?

우리나라의 공적 연금이 처한 현실은 시간이 갈수록 어려워질 것이다. 그만큼 치밀하게 공적 연금을 다루어야 한다. 공적 연금이 계층 간의 연대를 구현하고 있는지, 공적 연금의 지속 가능성을 위해 현재 세대는 지금 자기 역할을 하고 있는지 숙고해야 한다. 정치적 이해관계나 대중 인기에 영합하지 않고 연금의 현재와 미래를 바라보는 성숙한 연금 정치가 요청된다.

공적 연금의 두 가지 숙제 : 보장성과 지속 가능성

모든 나라의 공적 연금이 그렇듯이 한국에서도 공적 연금의 숙제는 연금 급여의 보장성과 연금 재정의 지속 가능성이다. 보장성은 공적 연금으로 노후 소득의 기본 수준을 보장하는 일이다. '적절한' 수준으로 급여를 세공하고, 여기서 배제되는 노인들도 없어야 한다. 지속 가능성은 미래에도 공적 연금이 운영될 수 있도록 제도를 관리하는 일이다. 향후 노인 수가 늘어나므로 지속 가능성의 문제는 시간이 흐를수록 중요해질 것이다.

보장성과 지속 가능성, 이 두 마리의 토끼를 모두 잡을 수 있을까? 서로 상충해 보이는 이 두 과제를 모두 풀 수 있는 연금 개혁 방안을 만들 수 있을까? 공적 연금을 후하게 설계할수록 미래의 재정 부담은 증가하고, 재정 안정성을 강조할수록 공적 연금의 보장성은 약화될 개연성이 크다. 해가 거듭될수록 두 과제는 더욱 엮여 풀기 어려운 고차 함수로 변신을 거듭하고, 시민들은 이 사이에 끼여 있다. 주위 사람들이 이구동성으로 연금 주제를 이해하기 어렵다고 말하는 이유이다. 게다가 한국의 국민연금은 대부분의 선진국과 달리 천문학적인 기금까지 보유해 기금 운용이라는 숙제마저 안고 있다. 국제경제의 불안정성이 커지는 만큼 기금 운용을 둘러싼 논란과 걱정도 크다.

빠르게 진행되는 고령화, 미래 연금 재정의 불안정, 한국의 척박한 연금 정치 그리고 시민들의 연금 불신 등 공적 연금을 둘러싼 환경은 무척 어렵다. 이를 지혜롭게 헤쳐나갈 수 있을까?

'있는 그대로' 보자. 나는 인류가 겪는 사회적 문제들은 우리 스스로에 의해 조성된 일이므로 우리의 노력으로 풀 수 있는 숙제들이라고 생각한다. 고령화 시대의 노후 보장이 그렇고, 공적 연금의 지속 가능성 역시 그렇다. 우리가 어떻게 대응하느냐에 따라 공적 연금은 재앙이 될 수도, 연대가 될 수도 있다. 단 조건이 있다. '선언적 당위'와 '진영 논리'를 넘어 '있는 그대로' 공적 연금을 만나야 하고, 모두의 공존을 위해 '열린 논의'를 벌여야 한다.

아직 태어나지 않은 아이들과의 대화

　연금 개혁은 아직 태어나지 않은 미래 세대와 대화하는 일이다. 현재 세대가 모든 것을 결정하고 책임지는 일반 복지 제도와 달리 연금 영역에선 우리가 미래 세대의 역할과 몫까지 미리 정해야 한다. 지금은 우리 세대가 모든 의사 결정권을 가지고 있지만 나중에 우리에게 연금을 지급하는 주체는 미래 세대들이다. 연금 개혁에 대한 논의 테이블을 우리 세대가 독점하지 말아야 하는 이유다. 연금제도는 세대 간의 계약이기에 아직 어리거나 태어나지 않은 미래 세대가 논의 테이블 저편에 앉아 있다고 가정하고 진지하게 개혁 방안을 논의해야 한다. 우리 세대, 자식 세대, 손주 세대가 함께 공적 연금에 대해 숙의해야 한다는 이야기다. 이러한 논란의 중심에 국민연금이 있다. 국민연금이 핵심 노후 소득 보장 제도인 건 분명하지만 마냥 국민연금은 좋은 제도이므로 강화해야 한다고 말하기에는 따져봐야 할 요소가 많다.

　결국 공적 연금의 핵심 가치로 강조되는 세대 간의 연대는 그래야 한다는 '당위'로 구현될 수 없다. 그럴 수 있도록 우리 세대가 지금부터 '조건'을 만들어가야 한다. 아직 어린 아이 혹은 태어나지 않은 미래 세대도 수긍할 수 있는 계약을 맺어갈 수 있을까? 이제 테이블 저편의 미래 아이들과 함께 공적 연금 개혁의 길을 개척해가자.

국민연금
다르게 보기

2장

국민연금을 생각하면 어떤 단어가 먼저 떠오르느냐는 질문을 받으면 아마도 많은 사람들이 '용돈 연금', '기금 소진'을 말할 듯하다. 모두 근거가 있는 대답이다. 용돈 연금론은 '이 돈으로 노후를 보낼 수 있을까' 하는 의문이다. 국민연금의 급여액이 충분치 않아 급여율을 올려야 한다는 주장이 제기된다. 기금 소진은 '미래에 연금을 받을 수 있을까' 하는 우려이다. 현행 국민연금제도가 변화 없이 그대로 운영된다면 미래의 어느 시점에 기금이 소진되므로 이러한 걱정이 생기는 건 당연하다.

나는 이 책에서 용돈 연금, 기금 소진 문제를 다룬다. 이 주제가 민감한 만큼 지나치게 정치적으로 각색돼왔다는 점도 지적할 것이다. 하지만 거기서 머물지 않는다. 국민연금의 현주소를 이해하는 핵심 주제로 '형평성'을 제안한다. 이때 형평성은 국민연금을 둘러싸고 현재 세대와 미래 세대의 부담이 얼마나 균형을 이루는지를 따지는 '세대 간 형평성'과 국민연금의 혜택이 현재 계층 내부에서 얼마나 골고루 돌아가고 있는지를 다루는 '세대 내 형평성'을 포괄한다.

굳이 국민연금을 들여다보는 안경에 형평성의 렌즈를 끼운 이유는 '연금액이 많냐 적냐, 받을 수 있느냐 없느냐' 하는 기존 질문만으로는 국민연금이 지닌 실체를 온전히 진단할 수 없기 때문이다. 국민연금은 현재 세대 각 계층에 미치는, 또한 현재 세대와 미래 세대에 미치는 효과가 다르다. 보장성 주제뿐만 아니라 그것이 적용되는 세대 간, 세대 내 주체들의 이해관계까지 다루어야 비로소 국민연금의 전체 모습을 파악할 수 있다. '국민연금은 노후 보장에 충분한가?'라는 질문에 '누구를 위한 보장이냐, 누가 책임지느냐'라는 문항까지 담아야 하는 고차방정식이다. 이제 형평성의 눈으로 국민연금에 대한 탐구를 시작해보자.

국민연금의 기본 구조 : 보험료율과 급여율

국민연금은 1988년에 태어났다. 어느새 30년에 육박하니 한 세대의 역사를 지녔다. 이 정도면 제도가 안정기에 접어들었으면 좋으련만 여전히 불안정하다. 무엇보다 국민연금을 구성하는 보험료율과 급여율의 수지가 균형을 이루지 못한 탓이다. 보험료율과 급여율은 모두 가입자의 소득을 기준으로 계산된다. 기여율이라고도 불리는 보험료율은 가입자의 월 소득 대비 몇 %로 표현된다. 급여율 역시 향후 받을 연금액이 가입자의 월 소득 대비 몇 %에 해당하느냐를 가리키기에 대체율이라고도 불린다.

2016년 현재 국민연금의 보험료율은 9%이다. 〈도표 1〉에서 보듯이 1988년 국민연금이 시작되었을 때의 보험료율은 3%로 매우 낮았다. 이후 사업장 가입자는 1993년 6%, 1998년 9%로 인상되었고, 지역 가입자는 2000년부터 1%씩 올라 2005년 9%에 도달했다. 보험료는 사업장 가입자의 경우 노사가 4.5%씩 절반씩 내고, 지역 가입자는 본인이 전부 부담한다. 사업장 가입자와 달리 아무런 지원 없이 보험료 전액을 내야 하는 지역 가입자의 경우는 그 부담이 무척 크다.

〈도표 1〉 국민연금의 급여율과 보험료율(%)

연도		1988~92	1993~94	1995~97	1998	1999	2000	2001	2002	2003	2004	2005~07	2008	~	2028
급여율		70				60							50	…	40
보험료율	사업장	3	6	6	9	9	9	9	9	9	9	9			
	지역			3	3	3	4	5	6	7	8				

국민연금의 보험료율은 사회보험 가운데 가장 높다. 2016년 기준으로 4대 보험(국민연금, 국민건강보험, 고용보험, 산재보험)의 보험료율을 합산하면 노동자의 월 소득 대비 기업은 10~11%, 노동자는 약

8.4%를 부담한다. 노사가 내는 전체 사회보험료에서 국민연금 보험료가 대략 절반을 차지하는 셈이다.

국민연금의 보험료를 산정할 때 소득에 상하한 기준이 있다. 2016년 7월부터 하한 소득은 28만 원, 상한 소득은 434만 원이다. 월 소득이 28만 원 이하인 가입자는 28만 원의 9%인 약 2만 5,000원을, 434만 원 이상의 소득자는 아무리 소득이 많아도 상한 소득의 9%인 약 39만 1,000원을 낸다. 434만 원은 국민연금 가입자의 평균 소득인 약 200만 원에 비해 2배 조금 웃도는 수준이어서 상한 소득으로는 낮은 편이다. 2015년 기준으로 상한 소득에 해당하는 사람은 직장 가입자의 경우 231만 명, 무려 18%에 달한다. 소득 상한액은 1995년에는 360만 원으로, 당시 가입자의 평균 소득 86만 원의 4.2배로 상당히 높았다. 이후 가입자의 소득이 매년 증가했음에도 상한 소득액은 그대로였고, 2010년에서야 가입자의 평균 소득과 연동해 매년 조정되는 시스템이 도입되었다.

상한 소득액은 국민연금과 관련해 종종 등장하는 논란거리다. 월 소득이 1,000만 원, 5,000만 원인 사람도 434만 원을 기준으로 보험료를 내기에 실제 소득 대비 보험료율은 9% 이하로 내려간다. 일반 가입자는 소득의 9%를 내는데 상위 소득자일수록 보험료율이 낮아지는 역진성이 생긴다. 언뜻 이러한 상한 소득 제도는 불공평해 보인다. 하지만 국민연금은 보험료를 많이 내면 급여도 올라가는 구조이므로 보험료의 상한액이 높아지면 상위 소득자는 그만큼 급여도 더 받아간다. 지금까지 소득 상한액 기준을 크게 올리지 못했던 이유다.[1]

다른 사회보험 제도는 어떨까? 국민건강보험도 국민연금처럼 소득 상한선이 있다. 2016년 기준 소득 상한선은 월 7,810만 원으로 국민연금의 20배 가까이 된다. 이 구간에 해당하는 직장 가입자는 소득의 6.12%인 약 478만 원을 매월 보험료로 납부해야 한다(이 가운데 노동자가 절반을 부담한다). 그런데 국민건강보험에선 보험료와 급여가 서로 독립적이다. 소득에 따라 보험료를 내고 아픈 만큼 급여 혜택을 받는다. 상한액이 아무리 높아도 급여와 연동되지 않기 때문에 소득 상한액이 높을수록 재분배 효과가 크다. 국민연금보다 훨씬 높은 수준의 소득 상한 제도가 운영되는 배경이다.

4대 사회보험 가운데 고용보험과 산재보험에는 소득 상한선이 없다. 소득이 높을수록 보험료를 많이 낸다. 하지만 급여에는 상한선이 존재한다. 이를 통해 고소득자의 보험료가 전체 가입자에게 재분배되는 효과가 발생한다. 결국 4대 사회보험은 각각 나름의 근거 있는 이유로 소득 상한선을 두거나 두지 않고 있다.

한편 국민연금에는 다양한 보험료 지원 제도가 존재한다. 우선 농어민은 지역 국민연금이 시작된 1995년부터 보험료를 지원받고 있다. 2016년 기준으로 월 소득 91만 원 이하의 가입자는 보험료의

---

1 선진국의 공적 연금도 대부분 상한선이 있다. 2014년 기준으로 소득 비례 연금제도가 있는 OECD 19개국의 평균 소득 상한선은 평균 소득자의 184% 수준이다. 한국은 국민연금 가입자의 평균 소득(198만 원)과 상시 노동자의 평균 소득(332만 원)에 차이가 크다. OECD는 상시 노동자를 기준으로 하는데, 이에 따를 경우 2014년 한국의 소득 상한선 408만 원은 상시 노동자의 평균 소득 대비 123%로 낮은 편이다. 캐나다, 벨기에, 스웨덴 등은 상한선이 우리나라와 비슷한 수준이고, 국민연금의 급여가 후한 그리스, 이탈리아는 379%, 328%로 상당히 높으며, 포르투갈, 핀란드, 체코, 에스토니아는 아예 상한선이 없다. OECD(2016), 《Pension at a Glance 2015》, 129쪽.

절반을, 91만 원 초과 가입자는 91만 원 기준 보험료의 절반인 약 4만 원을 지원받는다. 2012년부터는 저임금 노동자를 위해 '두루누리 사회보험료 지원 사업'도 도입되었다. 2016년 신규 가입 노동자로서 월 소득이 140만 원 미만인 사업장에서 일한다면 노사 모두 보험료의 60%를 지원받는다.

가입자가 보험료를 납부하지 않았더라도 일정 기간 동안 가입 기간을 인정해주는 크레디트 제도도 일종의 보험료 지원이다. 출산 여성의 경우 둘째 아이부터 출산 크레디트가 인정된다. 둘째 아이는 12개월, 셋째 아이부터는 18개월씩 추가해 최대 50개월까지 가입 기간으로 인정해준다. 군 복무를 할 경우에도 6개월의 크레디트가 인정돼 나중에 연금을 받을 때 가입 기간이 6개월 늘어나 연금액이 계산된다. 2016년부터는 실업자가 연금 보험료를 납부할 경우 국가가 최대 1년간 보험료의 75%를 지원하는 제도도 도입되었다.

이제 국민연금의 급여율을 살펴보자. 보통 국민연금의 급여율은 40%로 소개된다. 노인이 되면 젊었을 때의 소득 대비 40%를 국민연금으로 받는다고 생각할 수 있다. 하지만 실제는 이보다 복잡하다. 급여율의 특징을 정리하면 다음과 같다.

첫째, 국민연금의 급여율은 40%를 향해 매년 낮아지고 있다. 〈도표 1〉에 나와 있듯이 국민연금 도입 당시의 급여율은 70%로 상당히 높았다. 10년이 지난 1999년부터는 60%로 낮아졌고, 2007년 노무현 정부의 연금 개혁으로 2008년 50%로 인하되었다. 이후 20년 동안 매년 0.5% 포인트씩 낮아지는 경로를 밟아 2028년에는 40%에 도달할 예정이다. 이러한 급여율의 하향 이행에 따라 2016년의 적용 급여율은 46%이다. 보통 국민연금을 설명할 때 등장하는 급여율 40%는 단계별 인하가 완료되는 2028년 모델을 의미한다.

둘째, 법정 명목 급여율과 가입자의 가입 기간을 감안한 실질 급여율을 구분하는 것이 중요하다. 국민연금의 수급권을 얻기 위해서는 최소 10년 이상 가입해야 하는데, 보통 언급되는 급여율 40%는 40년 가입을 조건으로 산출된 수치이다. 가입자의 은퇴 이후에 실제로 적용되는 급여율은 가입 기간만큼 부여되기에, 만약 가입 기간이 20년이라면 급여율은 절반인 20%로 낮아진다. 국민연금제도에서 급여율 40%는 법에 명시된 수치라는 점에서 '명목 급여율', 가입 기간에 따라 가입자가 실제로 받는 급여율은 '실질 급여율'이다. 국민연금제도의 틀을 이해하는 데는 명목 급여율이 유용하지만 국민연금의 실제 효과를 진단하기 위해서는 실질 급여율이 더 유의미한 지표이다.

셋째, 국민연금의 급여액은 소득이 높을수록, 가입 기간이 길수록 많다. 당연한 이야기지만 급여율은 가입자의 소득 대비 비율이다. 동일한 실질 급여율이라도 소득이 높은 사람의 연금액이 높을 수밖에 없다. 또한 소득이 같은 사람이라도 가입 기간이 길수록 실질 급여율이 높다.

그러면 현재 국민연금의 수급자는 얼마나 될까? 2015년 기준으로 연금 형태의 급여를 받는 사람은 383만 명이다. 급여 유형은 노령연금, 장애연금, 유족연금으로 구성되는데, 노령연금은 수급 개시 연령인 61세부터 받는 연금이고(2033년까지 65세로 상향 예정), 장애연금은 가입 중 신체·정신상의 장애가 생긴 경우 지급된다. 유족연금은 연금 가입자가 사망했을 때 그 유족이 받는 연금이다. 이 중 노령연금의 수급자는 315만 명으로 국민연금 수급자의 대다수를 차지한다.

노령연금은 10년 이상 가입해야 받을 수 있다. 여기에는 일반적인 노령연금 외에 특례노령연금, 소득활동노령연금, 조기노령연금, 분할연금도 포함된다. 특례노령연금은 가입 기간이 5~9년인 수급자가 받는 연금으로 국민연금 초창기에 허용된 급여이다. 지금은 최소 10년 이상 가입해야 수급권이 발생하기 때문에 현 가입자에게는 해당되지 않는다. 소득활동노령연금은 노령연금을 받는 수급자가 계속 일을 해서 국민연금 가입자의 평균 소득(2016년 월 211만 원) 이상을 벌고 있을 경우 65세까지 일부 감액돼 지급되는 연금이다. 조기노령연금은 법정 수급 개시 연령(2016년 61세) 이전인 56세부터 미리 받되 일부 감액되는 연금이고, 분할연금은 혼인 기간이 5년 이상인 이혼한 배우자가 일부 나눠 받는 연금이다.

〈도표 2〉는 2015년 노령연금의 급여 유형별 평균 연금액을 보여준다. 2015년 기준 노령연금 수급자의 평균 연금액은 48만 원이다. 제도 초기에만 허용되었던 특례노령연금의 수급자까지 포함하면 평균 연금액은 35만 원으로 낮아진다. 가입 기간별로 나누어보면 5~9년

〈도표 2〉 노령연금의 유형별 평균 연금액(만 원)

구분	20년 이상	10~19년	특례(5~9년)	소득활동	조기	분할	평균(특례 포함)
연금액	88	40	21	56	50	17	**48(35)**

국민연금공단(2016), 〈국민연금 공표 통계〉(2015년 12월 말 기준).

가입한 특례노령연금의 수급자는 평균 21만 원, 10~19년 가입한 수급자는 40만 원, 20년 이상 가입한 수급자는 88만 원을 받고 있다. 가입 기간에 따라 연금액의 차이가 큰 편이다.

세대 간 형평성 : 급여에 미치지 못하는 보험료

현재 국민연금액이 절대적 수준에서 적은 건 분명하다. 국민연금의 평균액만 보면 용돈 연금이라는 비판이 나올 만하다. 그렇다면 왜 국민연금액은 적은 것일까?

연금제도에서 급여 수준의 적정성은 반드시 보험료 수준과 결합해 평가해야 한다. 그렇다면 국민연금의 급여는 보험료에 비해 낮은 수준일까? 아니다. 오히려 보험료 수준이 미래 받을 급여에 비해 낮다.

연금제도의 특징을 설명하는 주요 지표 가운데 하나가 수익비다. 이는 가입자가 낸 보험료에 대비해 받는 급여의 몫을 계산한 수치를 말한다. 국민연금연구원의 추계에 의하면 2015년 국민연금에 가입한 사람에게 적용되는 수익비는 20년 가입 기준으로 평균 1.9이다. 가입자가 평생 낸 보험료의 현재 가치에 비해 1.9배만큼 연금을 받는다는 의미이다. 이때 수익비 1을 넘는 부분, 즉 순 이전 혜택이 미래 세대에 의지하는 몫이다.[2]

---

2 수익비는 보험료와 급여의 비율이기 때문에 가입 기간에 크게 영향을 받지는 않는다. 나는 이 책에서 가입자들의 평균 가입 기간에 근접하는 20년 기준 수익비를 표준 모델로 상정한다(40년 가입 기준 수익비 1.8).

만약 국민연금이 낸 것만큼 받는 구조라면 현재 급여율 구조에서 얼마를 내야 할까? 〈도표 3〉을 보자. 국민연금 재정 총량에서 수지 균형을 이루기 위한 보험료율은 급여율 40%의 경우 14~16%로 추정된다. 2016년을 기준으로 삼으면 급여율이 46%이므로 수지 균형 보험료율은 16~18%로 더 오른다. 민간 보험사가 현행 국민연금 상품을 팔고 있다면 최소 이 정도의 보험료율을 가입자에게 요청할 것이다. 이 기준으로 보면 2016년 국민연금에 가입한 평균 소득자는 자신이 받을 급여에 필요한 보험료의 약 절반만 내고 있는 셈이다. 만약 국민연금의 급여율을 50%로 올린다면 필요 보험료율은 17~19%로 더 높아진다.

〈도표 3〉 국민연금의 급여율 대비 필요 보험료율 추정

급여율	현행 보험료율	필요 보험료율
40%(2028년)		14~16%
46%(2016년)	9%	16~18%
50%		17~19%

국민연금 재정 추계에서 도출된 결과를 근거로 필자가 재구성한 수치.

많은 사람들이 국민연금을 용돈 연금이라고 부른다. 국민연금의 입장에선 보험료에 비해 후한 급여를 제공하면서도 비판을 들으니 억울해할 만하다. 연금은 보험료와 급여로 구성되기에 연금액 수준의 적합성은 보험료와 함께 평가되어야 한다. 특히 현재 연금액이 적

은 결정적인 이유가 급여율이 아니라 짧은 가입 기간 때문이라는 점에 주목해야 한다. 용돈 연금론에 대해서는 6장(〈연금을 둘러싼 8가지 오해〉)에서 더 자세히 살펴볼 것이다.

용돈 연금과 함께 국민연금을 설명할 때 자주 나오는 단어가 기금 소진이다. 3장(〈국민연금의 미래 재정〉)에서 상세히 다루겠지만 국민연금이 제도의 변화 없이 현행대로 운영된다면 미래의 어느 시점에서는 기금이 소진될 것으로 전망된다. 가입자들이 내는 보험료가 나중에 받을 연금액보다 적으니 어느 시점에서 기금이 소진되는 건 당연한 일이다.

그러면 연금을 못 받게 될까? 국가가 주관하는 핵심 노후 복지제도이기에 어떤 방식으로든 국민연금은 지급될 것으로 가정할 수 있다. 문제는 이를 수행하기 위해서는 미래 세대의 재정 부담이 크게 늘어나야 한다는 점이다. 여기서 국민연금이 지닌 현재 세대와 미래 세대의 형평성 문제가 제기된다.

미래로 갈수록 노인 수가 늘어남에 따라 노인복지의 지출이 커지는 건 불가피한 일이다. 예를 들어 2016년에는 기초연금의 지출에 약 10조 원이 필요하지만 매년 노인이 수십만 명씩 늘어나기에 해가 갈수록 기초연금의 재정 규모는 증가할 것이다. 의료비 역시 노인 인구에 영향을 받기에 미래의 지출은 지금보다 크게 늘어날 것이다.

국민연금도 그럴까? 기초연금, 의료비처럼 국민연금의 지출에서도 미래 세대의 몫이 갈수록 커지는 것은 불가피한 일일까? 그렇지 않다. 당해의 지출 비용을 당 세대가 책임지는 기초연금, 의료비와 달리 국민연금은 제도 내부에서 현재 세대가 미리 대응할 수 있는 구조를 가진 제도이다. 국민연금은 전체 노인이 아니라 보험료를 낸 사람들에게만 급여가 지급된다. 가입자가 지금 얼마를 내고 나중에 얼마를 받을지를 미리 정하는 연금 계좌의 성격을 지닌다. 설계도에 따라 보험료와 급여의 수지 균형을 사전에 도모할 수 있다는 이야기이다. 은퇴 이후에 받을 연금액에 맞춰 보험료를 부과한다면 미래의 재정 불안은 발생하지 않을 것이다. 민간 보험은 그런 원리에 의해 설계되고, 그래서 기금의 소진 논란도 발생하지 않는다. 반면 현재 가입자가 자신의 연금액에 비해 보험료를 적게 내도록 설계한다면 미래 세대가 짊어져야 할 부담이 커진다. 우리나라의 국민연금이 그렇다.

현행 국민연금의 급여율과 보험료율이 그대로 이어진다면 초기에는 기금이 쌓이지만 수급자가 많아지는 어느 시점에서는 소진이 불가피하고, 이때부터 미래 세대가 무거운 재정 책임을 지게 된다. 국민연금 장기 재정 추계에 의하면, 현재 세대는 급여율을 40% 이상 누리면서 보험료율을 9%만 부담하지만 2060년 세대는 급여율 40%를 적용받으면서 보험료율은 20% 이상 감당해야 한다. 이러한 일은 민간 보험에서는 결코 일어나지 않는다. 보험료에 비해 연금을 더 주지 않기에 당연히 기금 소진도 없고, 미래 세대로 넘기는 몫도 없다.

공적 제도인 국민연금이 지닌 이러한 특성을 어떻게 이해해야 할까? 공적 연금은 사회적 부양 제도라고 소개된다. 이때 사회적 부양은 각 세대가 수용할 수 있는 내용이어야 한다는 점을 명심하자. 즉 세대 간의 공평한 계약을 전제로 한다. 현행 국민연금은 현재 세대가 낸 것보다 더 받는 만큼 미래 세대가 부담해야 하는 '세대 간 형평성' 문제를 지닌다. 이는 급여와 보험료 수준의 격차를 줄이는 방향으로 국민연금을 개혁해나가야 한다는 것을 시사한다.

국민연금의 비밀 창고 : 균등 급여

한편 국민연금에서 형평성 문제는 '세대 간'뿐만 아니라 '세대 내'에서도 발생한다. 국민연금이 '모든 국민'을 위한 제도이지만 개인들이 국민연금과 맺는 관계가 다르기 때문이다. 이제 세대 내에 존재하는 계층 간 형평성 문제를 살펴보자.

보통 국민연금제도의 특징을 '급여율 40%, 보험료율 9%'로 소개한다. 이 두 수치만 보면 국민연금제도가 단순해 보이지만 실상은 무척 복잡하다. 국민연금을 이해하는 데 어려움을 주고 여러 논란의 진원지로 작용하는 주제가 바로 급여 구조이다. 보험료율 9%는 모두에게 동일하게 적용되지만 급여율 40%의 효과는 계층별로 다르기 때문이다.

한국의 국민연금 급여 구조는 다른 나라의 국민연금에 비해 특수하다. 대다수의 선진국에서 국민연금은 보통 소득 비례 연금으로 불린다. 가입자의 소득에 비례해서 급여가 정해진다는 의미이다. 이와 달리 한국의 국민연금 급여는 가입자의 개인 소득과 연동하는 '비례 급여'와 전체 가입자의 평균 소득과 연동하는 '균등 급여'로 구성된다. 개인별로 국민연금액을 산정할 때 가입자의 소득과 비례하는 몫이 절반(비례 급여), 가입자의 소득과 무관하게 전체 가입자의 평

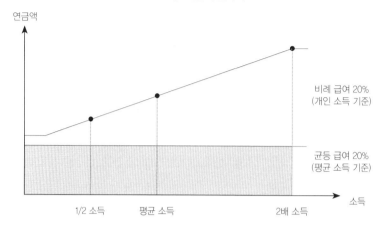

〈도표 4〉 국민연금의 급여 구조

연금액

비례 급여 20%
(개인 소득 기준)

균등 급여 20%
(평균 소득 기준)

1/2 소득   평균 소득   2배 소득   소득

균 소득과 연동하는 몫이 절반(균등 급여)이다.

〈도표 4〉에서 보듯이 국민연금에 40년 동안 가입하면 급여율이 40%인데, 급여율의 적용 방식이 이원적이다. 40% 급여율은 국민연금 가입자의 평균 소득('A값'이라고 불린다)의 20%인 균등 급여와 가입자 개인 소득의 20%인 비례 급여로 구성된다. 여기서 균등 급여액은 가입자의 평균 소득을 기준으로 계산되니 모든 가입자에게 동일하다. 이에 비해 비례 급여액은 가입자의 개인 소득을 기준으로 계산되니 가입자마다 다르다. 즉 평균 소득자의 경우 균등 급여액과 동일하고, 상위 소득자는 균등 급여액보다 많고, 하위 소득자는 균등 급여액보다 적을 것이다. 그 결과 균등 급여와 비례 급여를 합한 총 급여율은 하후상박의 구조를 가진다.

〈도표 5〉를 통해 40년 가입 기준 국민연금의 급여율이 소득 계층별로 어떻게 달라지는지 알아보자. 여기서 가입자의 평균 소득을

〈도표 5〉 가입자의 계층별 급여 구성과 급여율

소득	균등 급여	비례 급여	총액	급여율
100만 원	40만 원	20만 원	60만 원	60%
200만 원	40만 원	40만 원	80만 원	40%
400만 원	40만 원	80만 원	120만 원	30%

200만 원으로 상정하면 균등 급여는 가입자의 평균 소득 200만 원의 20%인 40만 원으로 모든 계층의 가입자에게 동일하다.

우선 평균 소득에 해당하는 사람은 자신의 소득과 평균 소득이 일치하므로 균등 급여와 비례 급여가 동일하게 소득의 20%, 즉 40만 원이다. 이 사람의 연금액은 80만 원, 급여율은 200만 원의 40%에 해당한다. 100만 원 소득자의 경우는 소득 대비 20%인 비례 급여 20만 원에 균등 급여 40만 원을 합해 60만 원의 연금을 받는다. 급여율로 따지면 60%이다. 400만 원 소득자는 자신의 비례 급여 80만 원에 균등 급여 40만 원을 합해 120만 원을 받는다. 급여율로 계산하면 30%이다. 이렇게 균등 급여로 인해 국민연금의 계층별 급여율에 놀라운 변화가 생긴다. 법정 명목 급여율은 평균 소득자 기준으로 40%로 설명되지만 계층별로 보면 30~100%로 하후상박식의 급여율 구조를 보인다.

보통 외국의 공적 연금 체계를 보면 소득 재분배 효과를 내는 제도로 기초연금이 존재하고, 가입자가 직접 보험료를 내는 국민연금은 소득 비례 연금으로 운영된다. 이에 비해 우리나라에서는 기초연금 도입 이전에 국민연금을 시행하면서 국민연금 내부에 균등 급여의 몫이 포함되도록 설계되었다. 보통 국민연금이 '소득 재분배 제도'라고 불리는 근거가 바로 이 균등 급여의 존재 때문이다.[3]

물론 급여율은 하위 계층일수록 높지만 연금의 절대액은 상위 계층일수록 많다. 앞에서 보았듯이 40년 가입의 경우 100만 원 소득자는 실질 급여율이 60%여도 연금액은 60만 원, 400만 원 소득자는 30%여도 연금액은 120만 원이다. 하한 소득에 해당하는 28만 원 소득자의 실질 급여율은 100%이지만 연금액은 28만 원에 불과하다.

가입 기간도 연금액 격차에 영향을 미친다. 지금까지는 가입자들이 모두 40년 동안 가입한다는 가정하에 계층별 급여율을 살펴보았다. 과연 가입 기간이 계층별로 동일할까? 상위 계층일수록 가입기간이 길 것으로 예상된다. 상대적으로 고용이 안정된 만큼 보험료의 납부 기간도 길다. 〈도표 6〉에서 볼 수 있듯이 소득과 가입 기간을 함께 감안하면 실질 급여율의 차이는 줄어들고 연금액의 격차는 상당히 커진다. 연금액의 경우 100만 원, 200만 원, 400만 원 소득자가 모두 20년 동안 가입한다면 30만 원, 40만 원, 60만 원이지만 100만 원 소득자는 10년, 200만 원 소득자는 20년, 400만 원 소득자는 30년 동안 가입한다면 연금액은 15만 원, 40만 원, 90만 원으로 그 격차가

---

3 일본의 공적 연금인 후생연금의 급여도 처음에는 우리나라의 국민연금과 동일하게 정액 부분(균등 급여)과 비례 부분으로 설계되었다. 이후 1985년의 연금 개혁으로 기초연금이 모든 노인에게 확대 적용되면서 현재 후생연금 급여에서 정액 부분은 폐지되고 비례 부분만 남아 있다.

소득 (만 원)	실질 급여율(%)				연금액(만 원)			
	10년	20년	30년	40년	10년	20년	30년	40년
100	15	30	45	60	15	30	45	60
200	10	20	30	40	20	40	60	80
400	7.5	15	22.5	30	30	60	90	120

가입자의 평균 소득 200만 원 가정.

더 벌어진다.

실제로 현재 국민연금 가입자를 보면 계층별 가입 기간의 차이가 확인된다. 〈도표 7〉의 계층별 하위 1분위의 생애 가입 기간은 평균 12.9년, 상위 5분위는 27.6년으로 그 차이가 2배 이상이다. 상대적으로 젊은 시절부터 국민연금의 가입 대상이었던 1960~1979년 출생자의 경우에도(2013년 기준 34~53세) 소득 1분위는 평균 9.8~19.6년, 5분위는 26.4~30.8년으로 2배 안팎의 차이를 보인다.[4]

보통 국민연금은 소득 재분배 제도라고 불린다. 계층별 누진 급여율 덕택이다. 이는 계층별 하후상박의 효과를 낼 수 있는 긍정적

---

4 〈도표 7〉에서 보듯 1980년 이후 출생자(2013년 기준 33세 이하)들에게서는 미래 가입 기간의 차이가 크게 나타나지 않는다. 이는 이 연령대의 청년 가운데 국민연금 보험료를 내는 사람이라면 상대적으로 안정적인 일자리를 가진 사람이고, 가입 기간의 차이가 벌어지는 이후 연령대의 실적 정보가 포함되지 않은 결과로 판단된다. 이 자료를 생산한 최기홍도 "아직 고용 불안과 가입 기간의 차이가 벌어지기 시작하는 50대에 도달하지 못한 자료에 기초한다"(74쪽)는 한계를 지적한다.

<도표 7> 출생 연도별, 계층별 생애 가입 기간 추정(연)

	1분위	2분위	3분위	4분위	5분위	평균
~1949	5.0	5.7	5.6	6.9	8.4	6.1
1950~54	7.9	9.3	10.1	12.5	16.7	10.8
1955~95	7.9	10.0	11.1	13.9	21.0	11.7
1960~64	9.8	11.8	13.8	17.2	26.4	14.9
1965~69	12.8	14.8	17.0	21.7	30.6	18.5
1670~74	15.9	19.2	21.5	25.1	31.6	22.3
1975~79	19.6	22.2	24.5	27.2	30.8	25.6
1980~	24.2	25.0	26.3	27.5	28.5	26.8
전체	12.9	17.4	21.3	24.4	27.6	20.7

최기홍, 〈국민연금 이력 자료에 의한 계층별 생애 가입 기간의 전망 모형〉, 《연금포럼》(2015년 여름), 75쪽 (선형 모형 분석 수치).

요인임에 분명하다. 그런데 현행 국민연금제도에서도 실제로 재분배가 일어나고 있을까? 하위 계층일수록 국민연금제도를 통해 더 많은 혜택을 얻고 있을까? 급여율의 수치가 주는 착시는 없을까? 언뜻 당연한 것을 묻는다고 생각할 수도 있지만 실상은 그렇지 않다. 이는 국민연금을 이해하는 비밀 창고인 균등 급여와 계층별 가입 기간의 차이가 만들어내는 결과이다. 현행 국민연금제도에서 세대 내 형평성에 어떤 일이 일어나고 있는지 다음 절에서 진단해보자.

세대 내 형평성 : 국민연금 혜택의 계층별 역진성

현행 국민연금이 신규 가입자에게 제공하는 수익비가 평균 1.9

임을 살펴보았다. 기여한 몫에 비해 0.9만큼을 더 받는다는 이야기다. 그만큼 급여율에 비해 보험료율이 낮다. 사업장 가입자는 보험료의 절반을 기업이 책임지니 본인 부담 대비 수익비는 거의 4배에 달한다. 국민연금의 이러한 급여율·보험료율 수준은 역설적으로 현재 세대 내부에서 계층 간의 형평성 논란을 야기한다. 모두가 이런 혜택을 누리지는 못하기 때문이다.

우선 사각지대의 문제이다. 국민연금에 가입하는 문은 경제활동을 하는 모든 사람에게 열려 있지만 실제로 입장하려면 보험료를 내야 한다. 지금 국민연금을 받는 노인들 대부분은 그래도 젊었을 때 상대적으로 안정적인 직업을 가졌던 사람들로 볼 수 있다. 2014년 기준 65세 이상 노인 약 650만 명 가운데 국민연금을 받는 노인은 약 35.6%에 불과하고, 공무원연금 등 특수 직역 연금 수급자까지 포함해도 공적 연금의 수급자는 39.6%에 머문다. 이전에 비해선 줄었으나 여전히 노인 10명 중 6명은 공적 연금 없이 살고 있다.

앞으로는 어떨까? 역시 국민연금을 받지 못하는 사각지대의 노인들이 상당할 것으로 예상된다. 노동시장의 고용 불안정성이 심각한 탓에 보험료를 제대로 내지 못하는 사람들이 계속 존재한다. 〈도표 8〉을 보면 2014년 기준으로 성인 인구 3,299만 명 가운데 국민연금 보험료를 내지 않는 사람은 49.4%, 딱 절반이다. 이들은 전업주부, 학생 등의 비경제활동인구, 지역 가입자이지만 소득이 없다고 간주돼 보험료를 내지 않는 납부 예외자, 보험료가 부과되었지만 납부하지 않는 장기 체납자 등이다. 이들은 이후 보험료를 낼 수도 있지만 소득이 적고 평생 가입 기간도 짧을 거라는 점에서 '잠재적 사각

〈도표 8〉 국민연금의 잠재적 사각지대(2014년)

비경제활동인구 1,012만 명	공적 연금 비적용자 47만 명	국민연금 적용 대상 2,096만 명				특수 직역 연금 144만 명
		납부 예외자 457만 명		소득 신고자 1,639만 명		
			장기 체납 114만 명	보험료 납부자 1,523만 명		

18～59세 총인구 3,299만 명(100.0%)
경제활동인구 2,287만 명
공적 연금 적용자 2,240만 명

30.7%	1.4%	13.9%	3.4%	46.2%	4.4%

잠재적 사각지대 1,630만 명(49.4%)	잠재적 수급권자 1,669만 명(50.6%)

국민연금연구원, 《2014년 국민연금 생생통계》, 2015.

지대'라고 할 수 있다.[5]

예를 들어 영세 자영자, 비정규직 노동자 등 경제활동을 하고 있음에도 보험료를 내지 못하는 불안정 계층을 보자. 영세 자영자의 경우 상당수가 지역 가입자로 편재되어 있는데, 소득이 없는 것으로 간주돼 보험료를 내지 않는 납부 예외자로 존재한다. 2014년 기준으로 지역 가입자 844만 명 가운데 소득이 없다는 이유로 보험료 납부에서 예외 처리를 받은 납부 예외자는 무려 457만 명, 54.1%에 이른다. 이들은 사실상 어떠한 방식이든 소득 행위에 참여하고 있다고 볼 수

---

5 경제활동인구만을 기준으로 하면 국민연금의 가입 대상자 중 보험료를 내는 납부자의 비중은 약 73%이다. 전업주부 등을 포함한 생산 가능 인구 대비 수치보다는 비중이 높다. 하지만 이 중에는 보험료 10년 납부 요건을 갖추지 못해 수급권을 얻지 못하는 사람들, 10년 이상 가입하더라도 소득이나 가입 기간이 충분치 않아 연금액이 적은 불안정 노동 계층들이 존재할 것이다.

있으나 소득이 적고 국가의 소득 파악 인프라도 부실해 보험료를 납부할 소득이 없다고 용인된다.

비정규직 노동자들 역시 국민연금에 접근하기 어렵다. 통계청의 조사 결과를 분석하면, 2016년 3월 전체 노동자 1,923만 명 가운데 비정규직 노동자는 약 44%인 839만 명이다. 그중 국민연금에 가입한 비율은 사업장 국민연금 32.4%, 지역 국민연금 14.7% 등 47.1%에 불과하다. 비정규직 노동자 가운데 절반 이상이 사각지대에 있다는 이야기다. 여기에 실제 가입 현실을 감안하면 사각지대는 3분의 2까지 올라갈 수 있다. 지역 가입자로 편재된 비정규직 노동자들의 상당수가 납부 예외자로 머물거나 설령 보험료를 납부하더라도 연금액이 적거나 가입 기간이 짧은 불안정 가입 상태에 있기 때문이다. 결국 비정규직 노동자들의 대부분은 젊었을 때 고생하고 은퇴 이후에는 국민연금을 받을 수 없거나 적은 금액만을 받는 처지로 전락할 위험에 놓여 있다.[6]

이처럼 현재 세대에게 후한 급여 구조를 가진 국민연금이지만 이를 누리지 못하는 사람들이 많다. 애초 국민연금을 설계할 때 이러한 문제까지 예상하지는 못했다. 20세기 중반에 안정된 노동시장을 바탕으로 했던 서구의 국민연금처럼 우리나라도 일하는 사람이라면 거의 국민연금에 가입할 수 있을 거라고 기대했다. 하지만 우리나라의 노동시장은 국민연금이 제대로 작동하기 어려운 환경이다. 국민

---

6 김유선(2016), 《비정규직 규모와 실태 : 통계청, '경제활동인구조사 부가조사'(2016년 3월) 결과》, 한국노동사회연구소.

연금의 문은 열려 있으나 노동시장의 불안정이 높은 문턱으로 작용한다. 국민연금의 혜택을 받지 못하는 사각지대의 존재는 국민연금의 세대 내 계층 간 형평성에 대한 근본적인 문제를 제기한다.

그렇다면 보험료를 내고 있는 '국민연금 내부자'들은 어떨까? 이들은 모두 형평성 있게 국민연금의 혜택을 누리게 될까? 2015년 신규 가입자의 경우 평균 소득에 해당하는 사람들이 얻는 수익비는 1.9이다. 국민연금은 하위 계층일수록 높은 급여율을 제공하기에 수익비도 하후상박의 구조를 지닌다. 〈도표 9〉에서 보듯이 100만 원 소득자는 수익비가 2.8이고, 421만 원 소득자는 1.4이다.[7]

〈도표 9〉 국민연금의 소득별·가입 기간별 수익비

	100만 원	204만 원 (평균 소득)	300만 원	421만 원 (상한 소득)
수익비	2.8	1.9	1.6	1.4

보건복지부(2015), 국회 제출 자료. 할인율은 임금 상승률 적용. 2015년 가입자, 가입 기간 20년 기준.

여기서 질문을 던져보자. 수익비가 누진적이니 하위 계층이 국민연금제도를 통해 얻는 절대 혜택은 상위 계층에 비해 많을까? 그렇지 않다. 수익비가 보여주는 착시에 주의하자. 하위 계층의 높은 수익비는 급여액의 비중을 계산하는 분모의 보험료 총액, 즉 소득이

---

7 2028년 국민연금 40% 모형이 완성되는 시점의 수익비는 조금 하향되지만 미미한 변화이어서 수익비 1.9는 국민연금 신규 가입자에게 적용되는 기본 수치라고 가정할 수 있다.

낮아서 나타나는 현상이다.

국민연금에서 어떤 계층이 더 많은 혜택을 얻고 있을까? 우선 평균 소득 가입자를 사례로 국민연금에서 얻는 혜택의 기본 구조를 알아보자. 앞에서 보았듯이 국민연금의 급여는 비례 급여와 균등 급여로 구성된다. 평균 소득자는 자신의 소득과 가입자의 평균 소득이 같기에 비례 급여와 균등 급여가 동일하다. 이 가입자에게 적용되는 1.9배의 급여는 비례 급여 0.95와 균등 급여 0.95로 설정될 수 있다. 비례 급여는 자신이 낸 보험료의 수준과 연동되므로 모든 가입자는 자신이 낸 기여의 0.95배, 즉 보험료의 95%를 비례 급여로 받는다. 비례 급여의 몫(0.95)이 자신이 낸 기여의 몫(1.0)에 근접하므로 다소 거칠게 설명하면 가입자는 자신이 납부한 보험료의 총액을 비례 급여를 통해 거의 돌려받는 셈이다. 따라서 현행 국민연금에서 가입자가 얻는 혜택의 절대적 크기는(즉 순 이전 규모는) 대략 균등 급여의 몫만큼이라고 말할 수 있다.[8]

균등 급여는 국민연금 가입자의 평균 소득을 기준으로 모든 가입자에게 가입 기간에 따라 동일하게 계산된다. 국민연금 40% 모델에서 가입자의 평균 소득을 200만 원으로 가정하면 균등 급여액은 대략 40년 가입 시 40만 원, 30년 가입 시 30만 원, 20년 가입 시 20만 원으로 계산된다. 가입 기간 1년당 1만 원이므로 가입 기간이 길

---

8 만약 수익비가 정확히 2.0이라면 비례 급여(1.0)의 크기는 완전히 자신의 기여 몫과 일치하고, 국민연금을 통해 얻는 순 이전 혜택은 균등 급여 규모와 같게 된다. 수익비는 국민연금 제도의 변화에 따라 다르다. 과거에는 급여율이 지금보다 높고 보험료율은 낮았으므로 초기 가입자일수록 수익비가 더 높았다.

수록 균등 급여액도 많아진다.

그러면 누가 균등 급여를 많이 얻어갈까? 국민연금의 가입 기간은 노동시장에서 고용이 안정된 계층일수록 길 것이다. 그 결과 가입 기간이 긴 상위 계층일수록 균등 급여의 총량이 많고, 고용이 불안정한 사람들은 가입 기간이 길지 못하기에 균등 급여의 몫도 적다. 따라서 비정규직 노동자, 영세 자영자 등 불안정 고용 상태에 있는 가입자들이 국민연금에서 얻는 혜택, 즉 순 이전 몫은 상위 소득자에 비해 적게 된다. 하위 계층의 수익비가 아무리 높더라도 국민연금을 통해 얻는 순 이전 몫인 균등 급여의 절대적 크기는 가입 기간에 좌우되기 때문이다. 결국 현행 국민연금은 상위 계층일수록 순 이전 혜택을 더 얻는 제도라고 평가할 수 있다.

현행 국민연금은 소득 재분배 제도인가? 소득 재분배 제도라면 상위 계층의 자원이 하위 계층으로 흘러가야 하지만 가입 기간이 상대적으로 긴 상위 계층일수록 많은 혜택을 얻고, 가장 어려운 처지에 있는 사각지대의 사람들은 아예 제도의 혜택에서 배제된다. 국민연금이 젊었을 때의 노동시장에서의 격차를 노후에 완화하기보다는 거꾸로 심화시키는 역할을 하는 셈이다. 공적 연금 제도로서 국민연금의 애초 설계 취지는 그렇지 않았지만 낮은 보험료율, 불안정한 노동시장이 낳은 결과이다.

여기에 계층별 평균수명까지 고려하면 국민연금은 상위 계층에 더욱 우호적인 제도이다. 앞의 계산에서는 은퇴 이후 연금을 받는 기간을 평균수명을 반영해 모든 계층에 동일하게 설정했다. 하지만 최근 국민건강보험 자료 분석에서 상위 계층일수록 수명이 길다는 사실이 확인되었다.

〈도표 10〉을 보면 현재 우리나라 국민의 기대 수명은 평균 81.4세인데, 상위 20%는 83.7세, 하위 20%는 77.6세이다. 상위 소득자의 기대 수명이 평균보다 2.3세, 하위 소득자보다 6.1세 길다. 상위 소득자는 수명이 긴 만큼 연금 수급 기간이 길어 사망할 때까지 받는 연금 급여의 총액도 늘어난다. 결국 상위 계층은 가입 기간이 길어 매월 받는 연금액에서 균등 급여가 더 많고, 연금을 받는 기간도 길어 국민연금에서 가장 큰 혜택을 받는다.[9]

〈도표 10〉 소득 계층별 기대 수명(세)

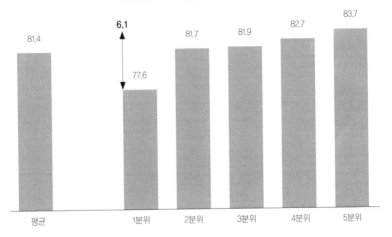

강영호, 《우리나라 광역시도와 시군구의 소득 수준별 기대 여명 차이》(국민건강보험공단 학술 연구 보고서, 2015년 12월).

---

9 미국에서도 소득 계층에 따라 연금 수급 기간의 격차가 확인된다. 1940년 출생자의 경우 소득 1분위와 10분위 사이 수급 기간의 격차는 8.2년이다. 오승연은 국민연금의 수익비에선 저소득층이 유리하나 납부한 연금 보험료보다 더 받는 절대적 혜택에선 고소득층이 유리하며, 기대 여명의 차이까지 감안하면 혜택은 더욱 커진다고 평가한다. 오승연, 〈소득 계층별 기대 여명 격차와 노후 소득〉, 《KIRI Weekly》(2016년 4월 4일), 보험연구원.

물론 장수의 위험을 전체 가입자가 공유하는 것은 공적 연금으로서 국민연금이 지닌 긍정적인 역할이다. 다만 연금 수급 기간에서도 상위 계층이 혜택을 더 얻고 있다는 사실은 향후 연금 개혁 논의에서 참고 자료로 활용할 만하다. 예를 들어 소득 상한선의 상향 논의에서 상위 계층의 수익비가 1을 넘지 않도록 연금액의 상한 설정이 필요하다는 근거의 하나가 될 수 있다.

결국 현행 국민연금은 세대 내 형평성 문제도 지니고 있다. 국민연금의 애초 취지가 구현되기에는 노동시장이 너무 허약하고 보험료율 수준도 낮아 가입 기간이 긴 상위 계층일수록 국민연금제도의 혜택을 더 많이 얻는다. 보통 국민연금은 하위 계층에게 유리한 제도라고 알려져왔지만 실상은 그렇지 못하다. 향후 연금 개혁 논의는 국민연금을 '있는 그대로' 보는 데서 시작해야 할 것이다. 이제 국민연금에 대한 원론적, 당위적 시야를 넘어서자.

누구의 눈으로 국민연금을 볼 것인가?

국민연금은 공적 노후 보장 제도로 중요하다. 고령화 시대 국가의 의무 제도로 운영되며, 노인들의 장수 위험을 가입자들이 공동 대응하고, 사업장 가입자의 경우 기업이 보험료의 절반을 책임지는 사회적 성격도 지닌다. 나중에 받을 수 있을지에 대한 불안감으로 마음이 흔쾌하지 않은 사람도 있겠지만 "국가에 빼앗기는 돈으로 생각했는데 이만큼씩 돌려받다니, 국민연금이 효자"라는 이야기까지 나올 정도이다. 주변에서 자영업을 하시는 분들이 국민연금에 대해 문의를 하면 나는 꼭 가입해 보험료를 내라고 권한다. 당장의 국민연금 보험료는 부담이지만 민간 보험에 가입하는 것보단 훨씬 혜택이 크다. 나 역시 노후 준비의 중요한 축으로 국민연금을 삼고 있다.

국민연금이 지닌 핵심 문제는 무엇일까? 용돈 연금이라고 비판받지만 역설적이게도 국민연금의 문제는 후한 급여에서 비롯된다. 여기서 '후한'이라는 표현은 절대적 수준에서가 아니라 기여하는 몫에 비해 그렇다는 의미이다. 모든 가입자가 자신이 낸 것보다 더 많이 받는다. 그래서 순 이전 몫만큼 후세대의 책임이 무거워지는 세대 간의 형평성 문제가 생긴다.

국민연금 가입자의 평균 수익비가 1.9라는 것은 현재 가입자가 나중에 받을 것에 비해 보험료를 덜 내고 있다는 것, 그만큼 미래 가입자의 어깨가 무거워진다는 것을 의미한다. 심지어 미래 세대는 국민연금 외에도 의료, 기초연금 등에서 지금보다 훨씬 큰 노인복지 지출을 감당해야 할 것이다. 과연 국민연금은 아직 어리거나 태어나지 않은 아이들에게 공평한 제도일까?

또한 현행 국민연금은 세대 내 형평성에서도 문제를 안고 있다. 균등 급여가 포함된 급여 구조는 계층별 재분배를 지향하도록 설계되었지만 국민연금제도의 순 이전 총량이 사실상 가입 기간과 연동된다. 이 때문에 가입 기간이 긴 상위 계층일수록 혜택이 큰 반면 중하위 계층은 혜택이 적고, 사각지대에 있는 취약 계층은 오히려 혜택에서 배제된다. 국민연금의 수혜자, 특히 중상위 계층 가입자의 눈으로 보면 현행 국민연금은 괜찮은 급여를 제공하는 복지 제도이지만

국민 전체의 눈으로 보면 노동시장의 격차를 확대 재생산하는 역진적 제도라는 비판이 가능하다.[10]

　보통 복지 제도가 지닌 중요한 기능 중 하나로 '재분배'를 꼽는다. 어떤 제도를 통해 사회적 부가 위에서 아래로 흐르고 있다면 재분배 효과가 있다고 평가할 수 있다. 그렇다면 과연 현행 국민연금제도는 소득 재분배 제도인가? 국민연금은 핵심 노인복지 제도이므로 당연히 그렇다고 답할 수 있는가? 아니다. '누구의 눈'으로 보느냐에 따라 답은 달라질 수 있다.

　모두에게 공평하고 미래에도 지속 가능한 노후 복지 제도로 국민연금을 키워가야 한다. 이를 위해선 모두가 형평성 있는 혜택을 누릴 수 있어야 하고, 의사 결정권을 지닌 현재 세대는 자신들이 책임져야 할 몫을 인식해야 한다. 국민연금 가입자에겐 불편한 이야기이지만 2장에서 세대 내, 세대 간 '형평성'의 문제의식으로 국민연금을 들여다본 이유이다. 국민연금을 바라보는 시야는 현재는 사각지대까지 넓어야 하고, 미래는 아직 태어나지 않은 세대까지 길게 아울러야 한다.

---

10 국민연금이 지닌 세대 간, 세대 내의 형평성 문제는 수익비에 따라 달라진다. 평균 수익비가 1.0으로 근접할수록 미래 세대에 의존하는 몫의 크기가 작아져 세대 간의 형평성은 개선될 것이다. 반면 세대 내의 계층별 형평성 문제는 균등 급여의 효과로 인해 복잡한 고차함수의 형태를 띤다. 향후 보험료율의 인상이나 급여율 인하로 수익비가 하향된다면 최상위층의 수익비가 1.0 아래로도 내려갈 수 있다. 이 경우 균등 급여와 비례 급여의 몫을 조정하는 급여 구조의 개편이 필요할 것이다. 연금 개혁 모델을 담은 8장에서 이 주제가 다시 다루어진다.

국민연금의
미래 재정

3장

나는 앞에서 국민연금이 지닌 문제의 하나로 세대 간 형평성을 제기했다. 이러한 접근에 대해 국민연금의 목적인 '노후 보장'보다 그 수단이라고 할 수 있는 미래의 '재정 안정화'를 앞세운다는 비판이 제기될 수 있다. 나 역시 공적 연금의 보장성이 중요하고, 이 책의 중반부터는 이에 대해 다룰 것이다. 동시에 '당위'만으로는 연금 복지가 지속되기 어렵다는 점도 강조하고 싶다. 어떤 제도든 목적과 수단이 조응해야 현실성을 지닐 수 있다. 보장성과 지속 가능성은 동전의 양면처럼 함께 다뤄야 한다.

2015년 국회에서 벌어졌던 '국민연금 급여율 50% 인상' 논란을 예로 들어보자. 이는 국민연금의 보장성 수준을 두고 벌어진 논란이었다. 하지만 그 배경에는 국민연금의 미래 재정에 대한 인식의 차이가 있었다. 한쪽에선 급여율 50%를 위해 보험료율을 9%에서 10%로 1% 포인트만 올리면 된다고 주장했고, 비판하는 쪽에선 2배를 올려야 가능한 일이라고 반박했다. 이 논란에서 제시된 두 수치는 전혀 다른 작업을 통해 만들어진 것이 아니다. 모두 정부가 주관한 국민연금 장기 재정 추계에 근거했다. 동일한 추계 결과를 전혀 다르게 해석한 결과이다.

과연 두 주장의 근거는 무엇이고, 어느 주장이 더 실체에 가까운 것일까? 국민연금 50% 논란은 국민연금의 재정 구조에 대한 객관적인 인식이 얼마나 중요한지를 알려준다. 3장에서는 국민연금의 미래 재정 구조에 대해 알아보자.

연금 재정 구조의 두 가지 유형

일반적으로 연금 재정 구조는 두 가지 유형으로 구분된다. 하나는 가입자가 낸 보험료를 적립해놓았다가 나중에 이것을 재원으로 연금을 받는 구조이다. 대표적으로 사적 연금이 이에 해당된다. 미래의 연금 지급을 위해 보험료를 쌓아놓는다는 의미에서 '적립 방식'이라고 부른다. 다른 하나는 적립금 없이 당해 세대가 세금이나 보험료로 연금 지출을 책임지는 구조이다. 일반적으로 복지 제도는 그해 필요한 지출을 그해 수입으로 충당한다. 예를 들어 2016년 기초연금에 필요한 재정 약 10조 원은 현재 세대가 세금으로 조달한다. 이러한 연금의 재정 구조는 당해 필요한 재원을 당 세대에게 부과한다는 의

<도표 11> 연금의 재정 구조

구분	내용	사례
적립 방식	미래에 받을 연금액에 해당하는 보험료를 미리 적립.	사적 연금
부과 방식	당해 노인의 연금 지출을 당 세대의 기여금으로 충당.	기초연금, 공무원연금
부분 적립 방식	미래에 받을 연금액의 일부만 보험료로 미리 적립.	국민연금

미에서 '부과 방식'이라고 부른다.

서구 대부분의 공적 연금은 부과 방식의 재정 구조이다. 노인에게 지급하는 연금 재정은 현재 가입자의 세금과 보험료로 충당한다. 이 연금들도 제도 초창기에는 적립금이 있었으나 이미 소진되었고, 어느 시점부터 그해 거둬 그해 충당하는 현행 구조로 전환됐다. 우리나라의 공무원연금, 기초연금도 부과 방식의 재정 구조에 속한다.

우리나라의 국민연금은 어디에 속할까? 두 재정 방식의 중간에 있다. 현재 국민연금은 가입자가 낸 보험료를 적립금으로 쌓아간다. 이 보험료의 수준은 미래에 받을 연금액의 약 절반에 해당한다. 나머지는 미래 세대의 보험료나 세금에 의지할 예정이다. 현재 가입자가 자신의 노후 연금을 위해 '일부'만 적립하기에 국민연금은 '부분 적립 방식' 혹은 '수정 적립 방식'이라고 불린다. 부분 적립 방식에선 연금 지출에서 부족한 몫을 미래 세대에 넘기기에 재정 불안이 내재한다. 현행 제도가 그대로 유지된다면 가입자의 다수가 수급자가 되는 시점에는 기금이 소진되고, 그때 젊은 세대의 재정 부담이 갑자기 커지는 문제가 발생할 수밖에 없다.

재정 추계 2단계 작업 : 재정 진단과 재정 목표

국민연금은 가입자의 은퇴 이후에 급여가 제공되므로 장기 재정 안정이 중요하고, 이를 위한 재정 추계 작업이 필요하다. 추계 작업은 장기 기간을 다루므로 변수의 불확실성이 존재하지만 반드시 필요한 작업이어서 나라마다 장기 재정 추계 작업을 진행한다. 우리나라는 국민연금법에 의해 2003년부터 5년 주기로 국책 연구 기관, 전문가, 가입자 단체 등이 참여하는 재정추계위원회가 보고서를 작성해 제출한다.

재정 추계 작업은 2단계로 진행된다. 1단계는 국민연금의 미래 재정 상태를 진단하는 일이다. 현행 제도가 그대로 운영되면 미래의 재정 상태가 어떻게 되는지를 살펴보기 위해 향후 수입과 지출을 전망한다. 수입에선 보험료와 기금 수익을 계산한다. 이때 인구 변수(출산율, 생산 가능 인구 등), 경제 변수(성장률, 기금 운용 수익률, 임금 상승률 등), 제도 변수(가입률, 징수율 등) 등을 설정하고 각 변수별 장기 전망 수치를 적용한다. 지출에선 급여에 영향을 미치는 가입자의 소득, 가입 기간, 기대 수명 등이 중요하다.

국민연금의 재정 추계가 장기 전망 작업인 까닭에 여러 논란이 생길 수 있다. 예를 들어 기금 수익률을 보자. 미래의 기금 수익률이 높으면 재정 상태는 개선될 것이다. 그만큼 기금 수익률의 수치 설정

을 낙관적으로 하느냐 비관적으로 하느냐에 따라 재정 추계의 결과
가 달라진다. 출산율도 미래에 보험료를 납부할 가입자 수에 영향을
미친다. 출산율을 높이면 미래의 재정 불안이 해소될 수 있으리라는
기대도 생길 수 있다. 이 때문에 추계 작업의 타당성에 근본적인 의
문을 제기하는 사람들이 있다. 앞으로 70년간을 전망한다면 대한민
국이 해방되던 시점에서 지금을 예측한다는 논리인데, 도대체 그 결
과를 믿을 수 있느냐는 비판이다. 분명 장기 작업이 가지는 구조적
한계는 유념해야 한다. 그렇다고 해서 세대 간 장기 계약의 성격을
지닌 연금제도의 추계 작업을 회피할 수는 없는 일이다.

장기 재정 추계 작업에서 특정 변수별 절댓값의 크기를 알아맞
힐 수는 없다. 그럼에도 각 변수들이 같은 방향으로 움직인다는 점에
서 변수들의 조합으로 도출된 결과는 유용한 정보를 제공한다. 예를
들어 추계 결과에 큰 영향을 미치는 보험료와 연금 지출은 모두 소
득 증가율에 연동하고, 기금 수익률 역시 소득과 약간의 간격을 두고
동행한다고 가정할 수 있다. 즉 재정 추계에 큰 영향을 미치는 보험
료, 연금 지출, 기금 수익은 모두 같은 방향으로 움직인다. 각 변수의
정확한 수치는 확정할 수 없지만 변화하는 방향이 같기에 미래 재정
상태의 기본 추세는 확인할 수 있고, 여기서 도출되는 재정 상태, 수
익비 등의 기본 정보는 진단 결과로서 의미를 갖는다.[1]

---

1 현행 재정 추계 방식은 미래의 재정 전망에 관한 단일값을 제시하는 확정론적 분석 모형이
  다. 근래 단일한 값이 아니라 신뢰 구간에 범위를 제시하는 '확률론적 분석 모형'이 보충적
  인 방법으로 제안되기도 한다. 백혜연, 〈국민연금 장기 재정 추계 결과의 신뢰성 제고 방안
  : 미국 OASDI와 캐나다 CPP의 확률론적 재정 추계 모형 소개 중심으로〉, 《보건복지포럼》
  (2016년 4월호), 한국보건사회연구원.

출산율도 합리적 토론이 요청되는 주제이다. 2015년 우리나라의 출산율은 1.24명으로 워낙 낮아 향후 어떻게 변하느냐에 따라 국민연금의 미래 재정에 영향을 미친다. 출산율은 인위적으로 빠르게 올리기 어려운 변수이다. 점진적으로 상향되더라도 새로 태어난 아이가 성인이 돼 국민연금에 가입하는 데는 많은 시간이 소요되므로 연금 재정에 미치는 효과는 매우 장기적이다. 또한 언젠가는 이 아이가 가입자에서 수급자로 전환될 것이기에 초장기 시야에서 보면 출산율 상승이 꼭 국민연금 재정에 긍정적이라고 말하기도 어렵다. 출산율이 중요한 변수이지만 재정 추계 결과의 기본 방향을 바꾸지는 못한다는 의미이다. 이에 대해서는 6장에서 자세히 살펴보겠다.

추계 작업의 2단계는 재정 진단 결과를 토대로 향후 재정 개혁 방안을 모색하는 일이다. '재정 안정화'로 여겨질 수 있는 여러 지표를 상정하고, 이를 달성하기 위한 재정 개혁 방안을 도출한다. 핵심 방안은 재정 안정화를 이루기 위한 필요 보험료율이다. 이때 재정 안정화의 지표를 무엇으로 설정하느냐에 따라 필요 보험료율은 달라질 것이다.

추계 기간도 필요 보험료율에 큰 영향을 미치는 변수이다. 추계 기간은 향후 재정 개혁을 통해 국민연금의 재정 안정을 확보하려는 기본 기간을 의미한다. 예를 들어 추계 기간을 70년으로 설정한다면 지금부터 70년 후까지 국민연금의 재정이 불안하지 않도록 목표를 잡겠다는 취지가 담겨 있고, 이때까지 국민연금의 재정 안정을 이루기 위한 필요 보험료율을 산출한다. 기금의 소진 시점은 1단계 작업의 객관적인 분석 결과지만 필요 보험료율의 계산은 2단계 작업에서 재정 추계 기간, 즉 재정 안정화 기간을 어떻게 설정하느냐에 따라 달라진다.

현재 국민연금의 재정 추계 기간은 70년이다. 20세 청년이 국민연금에 가입한다면 최소한 그가 90세가 되는 시점까지는 연금 지급을 위한 기금을 확보하겠다는 의미이다. 만약 재정 추계 기간을 60년으로 단축해 잡는다면 재정 안정을 확보해야 하는 기간이 10년 줄어들므로 필요 보험료율은 낮아진다. 그렇다고 해도 이는 현재 시점에서 재정 안정화를 위한 목표 수치가 완화되는 것이지 국민연금의 미래 실태에 대한 진단 결과가 달라지는 것은 아니다.[2]

국민연금의 재정 추계 결과

국민연금법에 5년 주기의 재정 추계가 명시된 게 1998년이다. 첫 번째 재정 추계 결과가 그 5년 후인 2003년 발표되었다. 보고서가 발표되자 대한민국이 들썩거렸다. 국민연금의 재정이 2036년에 적자를 기록하고 2047년에 소진된다는, 우려로만 떠돌던 이른바 '기금 고갈'이 공식적으로 확인되었기 때문이다. 보고서를 받은 노무현 정부는 기금 소진 시기를 2047년에서 2070년으로 23년 늦추는 제도 개선안을 국회에 제출했다. 바로 '더 내고 덜 받는' 국민연금법 개정

---

2 선진국들은 장기 재정 추계 작업에서 연금제도의 성숙도, 가입자의 일생 주기 등을 감안해 추계 기간을 60~100년으로 설정한다. 영국은 60년, 캐나다와 미국은 75년, 일본은 100년이다.

안이었다(보험료율 9%→15.9%, 급여율 60%→50%).

  노무현 정부 기간 내내 국민연금의 개혁을 둘러싸고 홍역을 겪은 끝에 2007년 국민연금법이 개정되었다. 이 과정에서 기금 고갈론, 국민연금 8대 비밀 등 국민연금에 대한 비판 여론이 들끓었고, 다른 한편에선 국민연금의 사각지대 문제가 부각되었다. 논란을 거듭한 끝에 최종적으로 국민연금의 보험료율은 그대로 유지되고, 대신 급여율이 60%에서 40%로 인하되었다. 또한 사각지대에 대응하고 국민연금의 급여율 인하를 보전하는 취지에서 기초노령연금이 도입되었다. 기초노령연금은 2008년 국민연금 급여의 5%에 해당하는 금액으로 시작해 2028년 10%에 도달하도록 설계되었다. 2028년에 '국민연금 40%, 기초노령연금 10%'로 완성되는 모델이다.

  2008년에는 2차 재정 추계 결과가 발표되었다. 〈도표 12〉에서처럼 2007년 국민연금법 개정의 효과로 기금 소진 시기가 2047년에서 2060년으로 13년 연장되었다. 그런데 국민연금법에 대한 개정 논의

〈도표 12〉 국민연금의 미래 재정 전망(조 원)

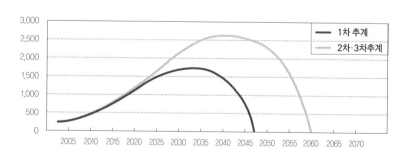

국민연금재정추계위원회, 《국민연금 장기 재정 추계》 1~3차 보고서.

는 없었다. 국민연금의 재정 안정화를 역사적 사명으로 받아들였던 노무현 대통령과 달리 이명박 정부는 제도 개선안을 내놓지 않았다. 직전 연도인 2007년에야 1차 재정 추계를 반영해 국민연금법이 개정되었기에 연이어 제도를 바꾸는 것은 적절하지 않다는 이유 때문이었다. 나름 일리 있는 근거였고, 또 누구도 국민연금에 대한 논란이 다시 벌어지는 것을 원치 않았기에 별다른 개정 논의 없이 지나갔다. 이명박 정부로서는 뜨거운 감자를 피해간 셈이다.

2013년 3차 재정 추계 결과가 발표되었다. 재정 추계 결과는 2차와 동일했다. 국민연금제도에 변화가 없었으니 예상되었던 결과다. 현행대로 제도가 관리되면 당분간 국민연금기금의 규모는 늘어나지만 결국 2060년 소진된다는 전망이다. 〈도표 13〉에 정리되어 있듯이 우리나라의 국민연금기금은 2043년에 최고 수준으로 적립된 후 2044년부터 수지 적자를 기록하고, 2060년 소진된다. 기금이 GDP

〈도표 13〉 3차 국민연금 재정 추계 결과

특징		2013년	2035년	2043년	2044년	2050년	2055년	2060년	2070년	2083년
		현재	GDP 대비 최고	기금 최고	수지 적자			기금 소진		최종 연도
기금 규모	조 원	418	2,184	2,561	2,559	2,200	1,334	0	0	0
	GDP 대비 (%)	31.1	49.4	44.2	42.7	30.5	16.0	0	0	0
연금 지출 (GDP 대비 %)		1.0	3.1	4.6	4.8	5.7	6.3	6.8	7.7	7.9
부과 방식 필요 보험료율(%)								21.4	22.6	22.9

국민연금재정추계위원회, 《2013년도 국민연금 장기 재정 추계》 재구성.

대비 최고에 이르는 시점은 2035년으로 49.4%에 달한다(당시 경상가격으로 2,184조 원, 2010년 불변가격으로 1,085조 원).

국민연금의 지출 규모는 수급자가 늘어남에 따라 계속 증가한다. 2013년 국민연금의 지출액은 약 13조 원으로 GDP의 1%에 불과하지만 2035년에는 3.1%, 2050년 5.7%로 늘어나고, 기금이 소진되는 2060년에는 6.8%에 이르며, 재정 추계 최종 연도인 2083년에는 7.9%에 달한다. 만약 이런 일이 실제로 벌어진다면 국민연금이 2060년에 부과 방식으로 전환된다는 것을 의미한다. 정부의 재정 지원이 없다면 연금 급여의 전액을 가입자의 보험료로 충당해야 한다. 이때의 보험료율을 부과 방식 필요 보험료율이라고 부르는데, 2060년에는 21.4%, 2083년에는 22.9%이다. 지금은 가입자들이 자기 소득의 9%를 보험료로 내고 있지만 그때는 2배 이상을 더 내야 한다는 이야기이다.

재정 목표와 필요 보험료율

이제 추계 결과를 토대로 재정 목표를 다룰 차례다. 추계 기간을 70년으로 잡았기에 작업 연도인 2013년부터 70년 후인 2083년까지 재정을 안정화하기 위한 목표를 설정하고, 이를 위한 필요 보험료율을 도출한다. 이때 미래 국민연금의 재정 목표를 무엇으로 설정할 것인가가 논점이다. 아직까지 우리나라에서는 공식적으로 정해진 재정 목표가 없다. 이에 재정추계위원회는 국민연금의 급여율 40% 체

<도표 14> 재정 목표별 필요 보험료율과 기금 규모(%)

재정 목표	적립 배율 2배	적립 배율 5배	수지 적자 미발생	일정한 적립 배율 유지
필요 보험료율	12.9	13.5	14.1	15.9
기금 규모 (GDP 대비/2083년)	15.7	39.9	66.7	140.5

국민연금재정추계위원회, 《2013년도 국민연금 장기 재정 추계》 84~85쪽 재구성. 필요 보험료율은 2015년에 인상한다는 가정.

계에서 재정 안정의 목표를 네 가지로 제시했는데, 〈도표 14〉에서 보듯이 목표에 따라 약 13~16%의 필요 보험료율이 제시되었다.

첫 번째는 '적립 배율 2배'이다. 이는 2083년에 국민연금기금을 당해 연도 연금 지출액의 2배만큼 확보하는 것을 목표로 한다. 이 시나리오는 최소한 2083년까지는 연금 지급을 위한 기금을 확보한다는 취지가 담겨 있다. 이를 위해 필요한 보험료율은 12.9%이고, 2083년의 기금 규모는 GDP의 15.7%이다.

두 번째는 '적립 배율 5배'이다. 이는 2083년에 5년치 지출액만큼 적립금을 확보하는 것을 목표로 한다. 첫 번째 목표보다 조금 더 예비 적립금을 확보해 재정의 안정을 강화한다. 이를 위해선 필요 보험료율이 13.5%로 상향되고, 2083년 기금의 규모도 GDP의 39.9%에 이른다.

세 번째는 '수지 적자 미발생'이다. 기금을 2083년까지 흑자 상태로 이끄는 것을 목표로 하는 방안이다. 현행 제도대로라면 2044년으로 예상되는 수지 적자가 2083년까지는 일어나지 않게 하는 재정 안정화 방안으로 2083년까지 기금은 절대 규모에서 늘어난다. 2083

년 이후부터는 수지 적자가 시작되지만 추계 기간 이후의 일이라 분석 대상은 아니다. 이 정도면 상당한 재정 안정화 목표라고 평가할 수 있다. 이를 위한 필요 보험료율은 14.1%, 2083년 기금의 규모는 GDP의 66.7%이다.

네 번째는 '일정한 적립 배율 유지'이다. 이는 현행대로 급여율을 제공하면서도 2060~2083년 기금을 일정 수준(약 17배)으로 계속 유지하는 것을 목표로 한다. 사실상 국민연금의 보험료와 급여가 균형을 이루는, 완전 적립 방식으로 전환하는 것을 의미한다. 이 모형에서는 국민연금의 재정 불안정이 원천적으로 해소된다. 이를 위한 필요 보험료율은 15.9%, 2083년 기금의 규모는 무려 GDP의 140.5%에 달한다.

장기 재정 추계 작업의 특성상 연구 기관이나 학자 들마다 다른 결과를 내놓을 수 있다. 인구, 경제성장률, 기금 수익률 등의 변수에서 다른 값이 설정되면 결과도 다를 것이다. 그래도 그 차이가 전체 재정 추계 결과의 기본 윤곽을 바꾸지는 못한다. 경제성장률, 기금 수익률, 임금 증가율 등 경제 변수에 대한 전망 수치가 다르더라도 같은 방향으로 움직이기 때문이다. 국회예산정책처, 감사원의 재정 추계 점검 작업에서도 기금 소진 연도는 몇 년의 차이가 있지만 전체적인 기조는 비슷하다.[3]

---

3 미래의 기금 수익률에 대한 전망에 따라 기금 소진 연도에 차이가 발생한다. 감사원은 재정 추계 작업의 수익률이 현실보다 높게 책정되었다고 지적하며, 재정 추계 작업의 민감도 분석을 근거로 수익률이 전망치보다 1% 포인트 낮아지면 소진 연도가 2055년, 2% 포인트 낮아지면 2051년으로 당겨진다고 지적한다. 감사원(2015), 《감사 결과 보고서 : 국민연금 운용 및 경영 관리 실태》, 14쪽. 국회예산정책처는 자체 분석을 통해 소진 연도를 2058년으로

재정 목표를 설정할 때 이에 수반되는 기금 규모도 논란의 대상이다. 필요 보험료율이 높을수록 미래 재정이 안정되지만 그만큼 기금 규모도 커진다. 향후 우리나라가 운용할 수 있는 국민연금기금의 적정 규모가 어느 정도인지에 대해서는 명확히 판단하기 어렵다. 국민연금기금은 국내 자산 운용 시장에서 '연못 속의 고래'라고 불린다. 이에 국민연금기금의 해외 투자 지분이 늘어나고, 금융시장의 불안정, 외환 리스크 등이 논란의 주제로 등장한다. 향후 국민연금제도의 개혁을 논의할 때 국민연금기금의 관리 능력에 대한 검토도 뒤따라야 하는 이유이다.[4]

참고로 장기 재정 추계 작업을 벌이는 주요 국가들을 살펴보면, 이 나라들도 연금 재정의 지속 가능성을 확보하는 방향으로 제도 개혁을 진행하고 있다. 미국의 소득 비례 연금OASDI의 경우 재정 추계 기간은 75년, 재정 목표는 '수지 균형 달성, 평가 기간 말 적립 배율 1배'이다. 2013년 실시한 장기 재정 전망(2013~2087년)의 결과를 보면 적립 기금이 2020년 최고에 이르고, 이후 감소하여 2033년 소진된다. 이에 따라 재정 목표를 달성하기 위해 현행 보험료율 12.4%를 15.1%로 인상하는 방안을 제안한다(2015년 OECD 연금 보고서에 따

전망했다. 국회예산정책처(2016),《2016~2060년 NABO 장기 재정 전망》, 49쪽.

4 부분 적립 방식의 국민연금 재정 구조에서 기금은 재정 안정화 조치를 강화할수록 늘어난다. 이는 부과 방식의 공적 연금을 운용하는 대다수의 선진국에서 기금 규모가 크지 않은 것과 대비된다. 한편 의무적 혹은 자발적 퇴직연금을 운용하는 나라들의 사적 연금 기금의 규모는 상당하다. 2013년 사적 연금 기금 규모를 보면 OECD 평균이 GDP의 83%에 이르고, 의무적 퇴직연금을 운용하는 네덜란드는 GDP의 149%, 호주는 102%에 이른다. OECD 연금 보고서에 따르면 한국의 공적 연금 기금은 GDP의 29.9%, 사적 연금의 적립금은 GDP의 6%이다. OECD(2016),《Pension at a Glance 2015》, 191쪽.

르면 미국의 소득 비례 연금의 급여율은 35.2%이다). 캐나다의 소득 비례 연금CPP은 '일정한 적립 배율 유지'를 재정 목표로 삼는데, 현행 9.9%의 보험료율(급여율 25%)에서 2025~2075년 약 5배의 적립 배율을 유지할 것으로 전망된다. '100년간 수지 균형'을 재정 목표로 삼은 일본의 공적 연금(후생연금)도 2004년 보험료율 13.9%를 매년 단계적으로 인상해 2017년 18.3%에 도달하면 50% 이상의 급여율을 확보할 것으로 전망된다.[5]

단계적 연속 개혁

우리나라 국민연금의 미래 재정이 불안한 게 사실이고, 해법을 찾기도 쉬운 일이 아니다. 국민연금에 대한 사회적 불신도 커 제도의 개혁 논의가 생산적으로 진행되기 어려운 조건이다. 국민연금제도의 개선 방안에 대해 전문가 집단 내부에서 대략의 합의도 존재하지 않는 게 현실이다.

국민연금의 장기 재정 추계 결과와 재정 목표를 어떻게 이해해야 할까? 재정 추계가 워낙 장기 기간을 다루는 작업이다보니 불확실성이 존재할 수밖에 없다. 그럼에도 국민연금의 미래 재정이 지닌

---

5 외국의 재정 추계에 대해서는 다음의 자료들을 참고했다. 신승희(2014), 〈해외 공적 연금의 재정 평가 및 시사점〉, 《연금이슈&동향분석》 제11호. 유호선(2014), 〈연금제도에서 재정 방식 및 재정 목표에 관한 논의 : 미국, 캐나다 및 일본을 중심으로〉, 《연금이슈&동향분석》 제16호.

불안정성은 분명하기에 이에 대비하는 논의가 필요하다. 국민연금의 재정 추계 결과는 국민연금 재정의 지속 가능성을 확보하기 위해 현재 세대가 책임져야 할 과제를 제시하는 함의를 담고 있다.

일부에선 국민연금의 미래 재정에 대해 그다지 염려할 필요가 없다고 주장한다. 국민연금이 미래의 어느 시점에 소진되면 그때부터는 재정 구조가 부과 방식으로 전환되고, 국가가 지급을 보장하니 공연히 지금 재정 불안을 조장하지 말라는 이야기다. 하지만 미래의 국가 보장은 당위성만으로 해결될 수 없다. 재정 추계 작업의 의의와 결과를 가볍게 여기지 말아야 한다.[6]

2016년 기준으로 국민연금의 지출 급여 약 19조 원은 GDP의 1.2%, 보험료 수입 약 41조 원은 GDP의 2.6% 수준이다. 그런데 국민연금이 소진되는 2060년에는 연금 지출에 필요한 재정 규모가 GDP의 6.8%에 이른다. 연금 지출이 지금보다 5배 이상 늘어나고, 보험료율은 현행 9%에서 21.4%로 인상해야 한다. 현재 세대는 이러한 추계 결과를 무겁게 받아들여야 한다. 이러한 전망이 현실로 닥쳤을 때 필요 보험료율을 확보하려면 급격한 보험료 인상 절벽이 발생한다. 지금부터 이를 완화시키는 개혁이 필요하다.

재정 추계 작업은 미래 재정의 안정을 모색하기 위한 분석틀이다. 앞으로 70년 동안 어떤 경우라도 적립 기금이 소진되는 것을 막

---

6 서구의 부과 방식으로의 전환 사례를 우리나라에 바로 적용하기에는 무리가 따른다. 서구의 국가들은 연금 급여의 지출이 크지 않았던 시기에 부과 방식으로 전환했고, 이에 맞추어 연금 보험료율도 점진적으로 상향해왔다. 우리나라가 처한 상황은 이와 많이 다르다. 이에 대해서는 6장에서 구체적으로 다룰 것이다.

아 가입자들의 불안을 해소할 수 있도록 정책 방안을 찾으라는 제안이다. 이에 걸맞은 재정 목표는 무엇일까?

나는 '적립 배율 2배'를 재정 목표로 삼기를 바란다. 최소한 2060년으로 예정된 기금 소진 시점을 2083년 이후로 늦추는 노력이 필요하고, 이를 실현하기 위해 현실적으로 논의가 가능한 방안이 적립 배율 2배다. 우리나라에서 보험료율 인상의 어려움을 감안하면 제시된 네 가지 재정 목표 중 가장 저강도의 개혁 로드맵이라고 볼 수 있다. 2083년까지 기금을 유지하기 위해서는 현행 보험료율 9%가 최소한 12.9%로 조정되어야 한다는 이야기다.

물론 이 목표가 미래 세대에 재정 부담을 넘기지 않는 수지 균형 달성의 수준은 아니다. 그렇기에 5년 주기의 재정 추계 작업과 제도 개선에 대한 논의가 계속해서 필요하다. 2018년에 있을 4차 작업에서는 추계 기간이 2088년으로 연장되고, 만약 다른 변수들의 수치가 그대로라면 필요 보험료율은 조금 상향돼 도출될 것이다. 결국 5년 주기의 재정 추계 작업은 우리에게 미래 재정의 안정을 도모하는 단계적 연속 개혁을 요구한다.

기초연금의
불편한 진실

4장

현재 우리나라에서 일반 국민에게 적용되는 공적 연금은 국민연금과 기초연금 두 개이다. 2007년까지는 국민연금 하나였지만 2008년부터 기초노령연금이 도입되고, 박근혜 정부에서 기초연금으로 이름이 바뀌면서 금액도 2배 올랐다. 이 과정에서 큰 홍역을 겪었다. 금액은 인상되었지만 독소 조항들이 신설되었기 때문이다. 기초연금에서 논란이 되는 주제는 무엇일까? 4장에서는 기초연금이 지닌 위상과 불편한 진실에 대해 알아보자.

기초연금의 법적 위상 : 보편적 노인 수당

박근혜 정부에서 기초노령연금이 기초연금으로 모습을 바꾸었다. 우선 금액이 약 10만 원에서 20만 원으로 인상되었다. 사실 기초노령연금도 2008년에 도입된 후 20년 후인 2028년에는 20만 원(현재 가치 금액. 국민연금 가입자 평균 소득의 10%)으로 오르도록 법에 명시되어 있었다. 박근혜 정부가 20만 원 도달 시점을 2014년으로 14년 앞당긴 것이다.

충분히 알려져 있지 않지만 금액 인상만큼 중요한 변화는 기초연금의 법적 위상이 보편적 노인 수당으로 분명해졌다는 점이다. 기초노령연금이 모든 노인에게 적용되는 보편 수당이냐 가난한 노인에게만 지급되는 공공 부조냐를 두고 논란이 있었는데, 기초연금으로 전환되면서 노인 수당으로 정리되었다.

현행 기초연금법은 제1조(목적)에서 "노인에게 기초연금을 지급"한다며 보편주의 원리를 밝힌다. 이는 "생활이 어려운 노인에게 기초노령연금을 지급"한다는 기초노령연금법의 목적과 명확하게 대비된다. 법적 위상에서 기초연금은 기초노령연금이 보편적 노인 수당으로 발전한 형태의 제도이다. 물론 현재의 기초연금이 완전한 보편 수당으로 운영되고 있지는 않다. 박근혜 정부는 재정의 어려움을 이유로 지급 대상에서 상위 30%를 제외했다. 그럼에도 지급 대상이 70%의 노인이라면 준보편적 제도라고 볼 수 있다.

2010년부터 우리나라에서는 보편·선별 복지 논쟁이 진행됐다. 정치적으로 보면 보편 복지 담론이 판정승을 한 셈인데, 이 과정에서

〈도표 15〉 기초노령연금법과 기초연금법의 목적 비교

기초노령연금법	기초연금법
제1조(목적) : 이 법은 노인이 후손의 양육과 국가 및 사회의 발전에 이바지하여 온 점을 고려하여 **생활이 어려운 노인에게** 기초노령연금을 지급함으로써 노인의 생활 안정을 지원하고 복지를 증진함을 목적으로 한다.	제1조(목적) : 이 법은 **노인에게** 기초연금을 지급하여 안정적인 소득 기반을 제공함으로써 노인의 생활 안정을 지원하고 복지를 증진함을 목적으로 한다.

복지에 대한 권리 인식이 확장되었고, 대한민국의 미래 목표로 복지국가가 등장했다. 여기에는 급식, 보육, 기초연금 등이 보편주의 방식으로 제공되기 시작한 게 큰 몫을 하고 있다. 최근 관심이 높아지고 있는 기본소득의 관점에서 기초연금은 노인 기본소득으로 불리기도 한다. 공적 연금으로서 기초연금이 지닌 강점을 정리하면 다음과 같다.

첫째, 기초연금은 사각지대를 원천적으로 해소한다. 국민연금은 제도 내부자(가입자)와 외부자(미가입자)를 나누고 전자에게만 혜택을 제공한다. 제도 내부자의 눈으로 보면 국민연금은 괜찮은 노후 복지 제도지만 전체 국민의 눈으로 보면 노동시장의 격차를 노후에 재생산한다는 비판에서 자유롭지 않다. 이에 비해 기초연금은 대한민국의 노인 대다수에게 적용된다. 기여 여부를 따지지 않고 사회 수당 형식으로 지급되므로 소득 재분배의 효과도 크고 노인 빈곤율 개선에도 바로 효과를 낼 수 있는 제도이다.

둘째, 기초연금은 미래 재정의 부담을 연도별로 늘려가는 재정 연착륙 구조의 제도이다. 기초연금은 당해 지출이 발생하고, 그 재정을 당해에 마련한다. 기초연금은 노인 수의 증가, 기초연금의 인상

등에 맞추어 필요한 재정을 점차적으로 증대시키는, 즉 어느 특정 시기, 특정 세대의 재정 부담이 갑자기 증가하지 않는 연착륙 재정 구조를 가능하게 한다.

셋째, 기초연금은 적립 기금 문제를 지니지 않는다. 당해 필요 재원을 당해 세금에서 조달하는 부과 방식 제도이므로 기금을 적립할 필요가 없다. 공연히 기금을 적립해 내수를 제약하지도 않고, 불안정한 지구 경제 환경에서 거대 기금 운용에 따른 위험도 피할 수 있다. 현재의 9% 보험료율 구조에서도 국민연금기금은 장차 GDP의 50% 수준에 이를 전망이다. 만약 적립 배율 2배 방식에 근거해 계속 보험료율을 높여간다면 그 규모는 시간이 흐를수록 훨씬 커질 것이다. 이런 상황에서 국민연금기금의 운용 부담을 가중시키지 않으면서 공적 연금을 강화하려면 기초연금의 역할을 키우는 게 바람직하다.

기초연금 산정 방식 : 소득인정액

현행 기초연금이 완전 보편 연금은 아니다. 70%의 노인에게만 지급되기에 이를 정하는 소득인정액의 기준이 필요하다. 2016년 하위 70% 노인에 해당하는 소득인정액은 100만 원이다(부부 노인이면 160만 원). 소득인정액은 근로소득, 연금소득, 사업소득, 임대소득 등의 현금 소득뿐만 아니라 재산의 소득 환산액까지 포함한다. 근로소득은 현금 소득 가운데 일정 금액을 공제한 후 남은 액수만 소득으로 인정한다. 2016년 근로소득 기본 공제액은 56만 원이고, 남은 소득에서 30%가 추가 공제된다. 재산의 경우는 지역별로 정해진 공제 금액을 토대로 소득인정액이 산출되는데, 단독 노인 가구의 경우 서울, 부산 등 대도시에서 4억 3,000만 원이 넘는 아파트를 가지고 있다면 재산에 따른 소득인정액이 100만 원을 넘어 다른 소득이 전혀 없더라도 상위 30%에 속해 기초연금을 받지 못한다.[1]

아파트 경비 노동자로 일하는 노인을 사례로 보자. 만약 근로소득이 월 156만 원이라면, 기본 공제액 56만 원을 뺀 100만 원에서 다시 30%인 30만 원을 공제하고 남은 70만 원이 소득인정액이 된다. 이 경우 다른 소득인정액이 30만 원 이하면 최종 소득인정액이 100만 원을 넘지 않아 기초연금의 대상자가 될 수 있다. 이 경비 노동자는 서울, 부산 등 대도시 주민으로 근로소득 외 다른 소득이 전혀 없고, 보유 주택 시가표준액이 약 2억 2,000만 원 이하면 재산에 따른 소득인정액이 30만 원을 넘지 않아 대상자가 될 수 있다.

소득인정액에 포함되는 소득으로 무료임차소득도 있다. 자식의 집에 사는 경우에도 그 집의 가격이 6억 원 이상이면 무료임차소득이 적용된다. 과거 고가 재산을 자식에게 증여하고 그 집에 살면서 기초노령연금을 받은 경우가 논란이 되었다. 서울 부자 아파트의 상징인 타워팰리스에 살면서도 기초노령연금을 받았던 경우다. 이에 기초노령연금이 기초연금으로 전환될 때 '무료임차소득' 항목이 신

---

1 주거 재산의 소득인정액 계산 방식은 다음과 같다. 소득인정액=(시가표준액−기본 공제액)×소득환산율(4%)/12. 기본 공제액은 대도시 1억 3,500만 원, 중소 도시 8,500만 원, 농어촌 7,250만 원이다. 재산의 경우 공식 용어는 소득환산액이지만 이 책에서는 소득인정액으로 통일한다. 한편 일용근로소득, 공공일자리소득, 자활근로소득은 소득으로 산정하지 않아 기초연금의 소득인정액에 영향을 주지 않는다.

설되었다. 자식 소유의 집에 살더라도 가격이 6억 원 이상이면 사실상 무료임차소득을 누린다고 간주하는 것이다.

〈도표 16〉 무료임차소득 : 자식 명의의 고가 주택에 거주하는 경우

	6억 원	7억 원	8억 원	9억 원	10억 원	16억 원	20억 원
무료임차소득	39만 원	45.5만 원	52만 원	58.5만 원	65만 원	104만 원	130만 원

예를 들어보자. 자식의 집이 6억 원짜리 아파트라면 월 39만 원의 무료임차소득이 적용된다. 이 경우 다른 소득인정액이 61만 원을 넘으면 기초연금을 받을 수 없다. 만약 16억 원짜리 집이라면 무료임차소득은 104만 원으로 계산돼 소득과 재산이 전혀 없더라도 소득인정액이 100만 원을 넘어 기초연금 대상에서 제외된다.

한편 기초연금 수급 대상자라도 모두가 전액을 받는 것은 아니다. 기초연금 산정에 다양한 감액이 존재한다. 우선 부부가 같이 기초연금을 받으면 각각 20%씩 감액된다. 단독 가구에 비해 부부 가구의 공통 비용을 감안한 감액이다. 70% 경계 바로 아래에 있는 노인들도 일부 감액된다. 이는 기초연금으로 인한 소득 역전을 방지하기 위한 기술적인 감액으로 소득인정액 99~82만 원에 해당하는 노인은 2~18만 원만 받게 된다. 예를 들어 소득인정액 98만 원의 노인에게 제공되는 기초연금은 20만 원이 아니라 2만 원이다. 기초연금을 받더라도 총 소득인정액이 100만 원을 넘지 않게 한 조치이다.

기초연금으로 전환되면서 벌어진 가장 큰 논란은 국민연금의 가

입 기간과 연계한 감액 문제였다. 국민연금의 가입 기간에 따라 기초연금의 급여를 감액하는 조항이 생긴 것이다. 2014년 기준으로 설명하면, 국민연금의 가입 기간이 11년인 노인은 20만 원을 전액 받지만 12년 가입한 노인은 1만 원이 감액돼 19만 원을 받는다. 감액률은 가입 기간이 길수록 높아져 20년 이상 가입한 노인은 10만 원만 받게 된다. 국민연금 40% 모형이 완성되는 2028년 이후에는 그 감액 폭이 다소 완화된다. 가입 기간이 16년인 수급자부터 감액이 시작돼 19만 원을 받고, 점차 감액률이 높아져 30년 이상 가입자는 10만 원을 받게 된다. 이때는 감액 폭이 완화되더라도 국민연금 가입자들의 평균 가입 기간이 지금보다 늘어나 감액 효과는 상당할 것으로 전망된다.

기초연금의 네 가지 불편한 진실

기초연금은 2012년 대통령 선거에서 주요 후보들이 모두 내걸었던 공약이다. 대다수의 노인들에게 기초연금만큼 현금 소득이 늘어나 생활에 도움이 되고 있다. 보건복지부가 2015년 도입 1주년을 맞아 조사한 결과를 보면 노인의 93%가 기초연금이 생활에 도움이 된다고 응답했다. 특히 기초연금은 주로 식비(40.2%)와 주거 관련비(29.9%)로 사용되었다. 이는 기초연금이 노인의 기본 생활 지원에 의미 있는 역할을 하고 있음을 말해준다. 거꾸로 이야기하면 기초연금이 없을 경우 상당수의 노인들이 기본 생활을 제대로 영위할 수 없는

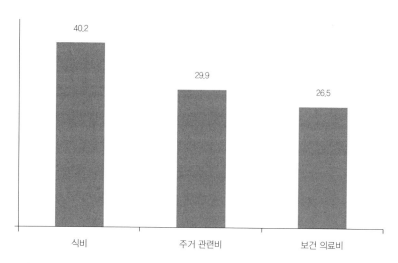

〈도표 17〉 기초연금의 주요 사용처(%)

40.2 식비
29.9 주거 관련비
26.5 보건 의료비

보건복지부, 〈기초연금 도입 1주년, 생활에 도움된다〉(2015년 7월 7일).

현실이다.

현재 기초연금의 미래를 두고 엇갈린 주장이 존재한다. 보수 진영에서는 향후 노인 수가 늘어나 기초연금의 재정 부담이 무척 클 것을 지적한다. 점차 지급 대상의 범위를 취약 계층 노인으로 줄여가자는 취지가 담긴 주장이다. 나는 이러한 우려가 전혀 근거 없는 것은 아니지만 기초연금 재정은 노인 수가 많아지는 만큼 당해 세대가 감당해야 할 몫이라고 판단한다. 오히려 기초연금의 도입 과정에서 여러 독소 조항이 방치된 것이 문제이다. 이 조항들은 국회에서 기초연금법이 서둘러 통과된 탓에 제대로 검토되지 못했고, 시간이 흐를수록 더 큰 영향을 미칠 전망이다. 우리가 알아야 하는 기초연금의 '불편한 진실'은 다음 네 가지이다.

1. 줬다 뺏는 기초연금

기초연금은 대다수 노인에게 정액의 연금을 지급하기에 노인 빈곤 대응에 효과가 있다. 국민연금연구원이 통계청의 가계 동향 조사를 이용해 분석한 결과를 보면, 2014년 기초연금의 도입으로 노인 빈곤율이 2013년 4분기 47.9%에서 2014년 4분기에는 43.8%로 4.1% 포인트 개선되었다.[2] 그런데 정작 우리나라에서 가장 가난한 노인들은 이 기초연금의 수혜에서 배제당하고 있다. 바로 '줬다 뺏는 기초연금'의 문제다.

현재 기초생활수급 노인 약 40만 명은 매달 25일 기초연금을 지급받고, 다음 달 20일 기초생활보장 생계급여에서 같은 금액을 삭감당한다. 기초연금을 받았다가 빼앗기는 셈이다. 보건복지부가 내세우는 논리는 '보충성의 원리'이다. 기초생활 생계급여는 정부가 정한 생계급여 기준액(중위 소득의 30%)과 수급자 소득인정액의 차액을 보충하는 급여이므로 늘어난 기초연금만큼 생계급여를 낮춰 지급해야 한다는 주장이다.

사회복지학계 일부에서도 보충성의 원리에 따라 기초연금만큼 생계급여를 공제하는 게 불가피하다고 말한다. 나 역시 공공 부조의 보충성 원리를 이해한다. 하지만 '줬다 뺏는 기초연금' 문제의 본질은 보충성의 원리 너머 형평성에 있다. 70% 노인들의 현금 소득이 기초연금만큼 일제히 증가하는데, 유독 가장 가난한 노인들만 여기

---

2 이은영, 〈기초연금제도 시행 전후 노인 가구의 가계 수지 및 노인 빈곤 추이 분석〉, 《연금이슈&동향분석》 제23호(2015년 7월 17일).

서 배제되는 게 문제의 본질이다.

　정녕 정부의 논리대로 보충성 원리가 중요하다면 노인의 생계급여 기준액을 기초연금만큼 상향하는 개선을 통해 기초연금을 실질적으로 보장해야 한다. 이는 우리나라의 낮은 생계급여 기준액을 상향하는 긍정적인 일이기도 하다. 아직은 이러한 개선 조치가 이루어지지 않고 있으므로 그때까지는 기초연금이 생계급여와 별도로 지급돼야 한다. 이것이 기초연금법의 취지에도 부합하고, 빈곤 노인의 실질적인 생활 개선에도 절실히 필요한 일이다.

　행정적으로도 보충성의 원리와 충돌하지 않는 방안이 이미 존재한다. 보건복지부가 국민기초생활보장법 시행령을 개정하면 된다. 생계급여는 생계급여 기준액과 수급자의 소득인정액의 차이를 지급하는 것이기에 기초연금으로 인해 소득인정액이 늘어나지 않도록 시행령의 '소득 범위'에 기초연금을 포함하지 않으면 된다. 이미 아동에게 제공되는 보육료 지원, 집에서 돌보는 아이에게 제공되는 양육수당, 장애인들이 받는 장애인연금, 국가유공자가 받는 생활조정수당, 자활소득의 일부(30%) 등 소득인정액에 포함되지 않는 예외 소득이 다수 존재한다. 실제로 기초연금이 도입된 직후인 2014년 추석에 최경환 경제부총리는 노인 복지관을 방문해 이에 대해 "개선하겠다"고 약속했고, 2015년 2월 이완구 국무총리도 국회 본회의에서 "보완 대책을 검토하겠다"고 답변했으나 아직까지 아무런 소식이 없다.

　정부가 시행령 개정에 나서지 않으면 국회가 법을 개정하는 것도 해법이다. 정부가 문제 해결 의지를 보이지 않자 19대 국회에서 여러 국회의원들이 이에 관한 개정안을 제출했다. 형식은 국민기초생활보장법 혹은 기초연금법 개정안이지만 모두 '소득 범위'에서 기초연금을 제외하는 내용을 담고 있다. 2016년 총선에서도 야당들은 '줬다 뺏는 기초연금'의 해결을 공약으로 내걸었다. 20대 국회에서 이 문제가 조속히 해결되기를 기대한다.

2. 기초연금액의 물가 연동 조정

현행 기초연금은 물가와 연동해 금액이 조정된다. 기존의 기초노령연금은 매년 국민연금 가입자의 평균 소득(A값)과 연동해 올랐으나 기초연금으로 전환되면서 조정 원리가 소득에서 물가로 바뀐 결과이다. 정부의 장기 재정 추계를 보면 물가 인상률은 소득 증가율의 약 절반에 그친다. 그만큼 향후 기초연금은 해당 시기 소득 증가분을 따라가지 못하게 된다.

이러한 문제는 당장 2015년부터 드러났다. 4월부터 기초연금은 전년도인 2014년의 물가 상승률 1.3%를 반영해 20만 원에서 20만 2,600원으로 올랐다. 소득 연동 방식이었다면 가입자의 평균 소득 증가율인 3.2%가 증액돼 6,400원이 올랐어야 했건만 2,600원 인상에 그쳤다. 약 400만 명의 노인들이 매달 4,000원 정도 덜 받게 된 것이다. 2015년에도 물가 상승률은 0.7%에 불과해 가입자 평균 소득 증가율 3.0%와 차이가 더 벌어졌다. 그 결과 2016년의 기초연금도 그만큼만 올라 20만 4,010원에 머물렀다. 이는 기존처럼 소득 연동 방식이었다면 받을 약 21만 2,592원에 비해 약 8,600원이 적은 금액이다.

물가 연동은 예금에서 복리 효과처럼 시간이 흐를수록 격차를 크게 만든다. 정부의 장기재정전망협의회 자료에 따르면 2011~2040년

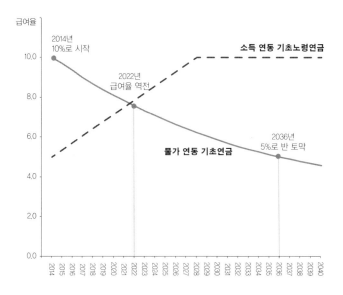

〈도표 18〉 기초연금의 미래 전망 : 물가 연동과 소득 연동 방식

물가 상승률은 소득 증가율에 비해 약 3% 포인트 낮다. 〈도표 18〉에
서 보듯이 기존의 기초노령연금은 2028년 급여율 10%를 목표로 단
계적으로 오르고, 기초연금은 물가와 연동해 인상된다고 가정하면
2022년부터 기초연금은 오히려 기초노령연금이 유지되었을 때의
예상액보다 적어진다. 조만간 노인이 될 50대 베이비부머뿐만 아니
라 현재 노인의 상당수도 남은 노후 기간을 감안하면 기초연금으로
의 전환이 오히려 손해가 될 수 있다는 이야기다. 심지어 2036년에
는 국민연금 가입자의 평균 소득 대비 급여율 10%이어야 할 기초연
금은 급여율 5%로 반 토막 난다. 고령화 시대 노인복지의 주요 기둥
인 기초연금이 시간이 흐를수록 빈약해지는 것이다. 결국 기초연금

으로의 전환으로 당장의 수급액은 올랐지만 중장기적으로는 오히려 기초노령연금보다 후퇴했다는 비판이 가능하다.

물가 연동은 박근혜 대통령의 중대한 공약 위반이기도 하다. 박근혜 후보 대선 공약집에 기초연금액은 "국민연금 가입자 평균 소득(A값)의 10%"로 명시돼 있다. 분명한 소득 연동 기초연금이다. 박근혜 정부 출범 이후 기초연금의 개혁 방안을 논의하기 위해 설립된 국민행복연금위원회에서조차 물가 연동 방안은 한 번도 논의되지 않았다. 그런데 기초연금법 입법 예고안에 갑자기 물가 연동 기초연금이 등장하더니 국회에서 서둘러 통과되었다.

엄격히 따지면 현행 기초연금법에 따른 기초연금이 완전 물가 연동은 아니다. 박근혜 정부가 기초연금법 입법 예고안에 완전 물가 연동 조항을 삽입했지만 이에 대한 비판이 제기되자 추후 논의할 수 있는 여지는 남겨두었다. 현행 기초연금법을 보면 매년 물가와 연동하다가 "보건복지부 장관이 5년마다 물가, 노인 생활수준, 국민연금 가입자의 평균 소득 등을 종합적으로 고려하여 기초연금액을 조정"한다는 조항이 있다. 하지만 생활수준과 소득이 5년 만에 크게 변하는 것도 아니고, 예산 지출 추세를 감안할 때 매년 물가만큼 인상되던 기초연금액이 5년째라고 크게 오르기 어려운 게 현실이다. 결국 기초연금은 물가만큼 오르다 5년마다 미세 조정을 거쳐 다시 물가를 반영하는 '사실상 물가 연동'으로 귀착될 개연성이 무척 크다.

기초연금의 물가 연동은 미래 연금액에 중대한 영향을 미치는 사안이다. 장기적으로 보면 법 제정 과정에서 논란의 중심에 있었던 '국민연금 연계 감액'보다 기초연금에 더 타격을 주는 독소 조항이지만 기초연금법이 졸속으로 제정되면서 제대로 검토되지 못했다. 이제라도 소득 연동으로 원상회복해야 한다.[3]

3. 국민연금 연계 감액

기초연금은 국민연금의 가입 기간과 연계해 감액된다. 국민연금에 오래 가입할수록 감액 폭이 늘어나는 구조이다. 2010년 이후 대한민국에 불어온 복지 바람에 따라 기초연금을 2배로 올리자는 사회적 합의가 이루어졌다. 따라서 박근혜 정부가 도입하는 기초연금은 온전한 기초연금이어야 했건만 실제로 이루어진 것은 '국민연금 연계 감액'이다.

박근혜 정부가 '국민연금과 연계한 기초연금 감액'을 발표하자 큰 논란이 벌어졌다. 대통령 선거에서 박근혜 후보의 기초연금 공약을 접한 국민들 가운데 기초연금을 국민연금과 연계돼 차등 지급하는 제도로 이해한 사람은 아무도 없었다. 그런데도 박근혜 정부는 당선 이후 2012년 대통령 선거 기초연금 공약에 '연계 감액'을 명시했다고 설명한다. 〈박근혜 대통령 후보의 기초연금 공약〉에 있는 '통합 운영'이라는 단어가 그것이라는 것이다. 과연 어느 누가 이 단어를 '연계 감액'으로 이해했을까? 선거 전에 공약의 진실을 제대로 알리지 않고 당선되었으므로 사실상 '공약 사기'라는 비판이 제기될 만

---

3 정부가 2014년 기초연금법 제정 과정에서 국회에 제출한 기초연금 설명 수치도 뒤죽박죽이다. 정부는 향후 기초연금의 감액 폭을 드러내지 않으려고 재정 추계는 소득 연동으로 발표했다. 또한 기초연금의 미래 재정 소요액을 절감하겠다고 설명했지만 정작 정부의 재정 자료를 보면 재정 규모에서 큰 차이가 나지 않는다. 이는 정부안의 수치를 이해하고 검증하기 어렵게 하려는 행정부의 횡포에 다름 아니다.

새누리의 약속

■ 기초연금 도입

　-기본방향 : 현행 기초노령연금 및 장애인연금을 기초연금화하고 국민
　　　　　연금과 통합 운영함으로써, 사각지대나 재정 불안정성 없이
　　　　　모든 세대가 행복한 연금제도로 개편

　-대상 및 내용 : 기초연금은 도입 즉시 65세 이상 모든 어르신과 중증
　　　　　장애인에게 현재의 2배(A값의 10%) 지급

하다.[4]

　박근혜 정부는 국민연금 가입자와 미가입자 간의 형평성 문제를 지적한다. 국민연금의 급여 구조에 균등 급여가 포함돼 있어 국민연금 가입자는 그만큼 혜택을 받고 있으므로 추가로 기초연금을 받으면 사실상 기초연금 성격의 연금을 두 번 받는 꼴이 되므로 이를 시정하기 위해 기초연금을 일부 감액한다는 논리이다. 또한 기초연금이 감액되더라도 국민연금의 균등 급여까지 합하면 국민연금 장기 가입자가 공적 연금의 혜택 총액에서 여전히 유리하다고 설명한다.

　2장에서 살펴보았듯이 국민연금 가입자들이 균등 급여의 혜택을 보고 있는 것은 사실이다. 사각지대의 노인들과 비교하면 형평성 문제도 존재한다. 하지만 균등 급여는 국민연금 급여 구조의 한 부분

---

4 실제로 2013년 9월, 필자를 포함한 복지 단체 대표 4인은 박근혜 대통령을 기초연금 공약에 대한 '사기죄'와 '허위 사실 공표죄'로 검찰에 고발했지만 기각됐다. "공약은 장래에 대한 의사 표시 혹은 계획으로 과거와 현재의 사실 관계에 대한 진술이라고 볼 수 없어" 사기에 해당하지 않는다는 게 검찰의 기각 이유다. 유튜브에서 내가만드는복지국가 제작한 공약 사기 영상 고발장인 〈박근혜 영상 고발장〉을 참고하기 바란다.

이다. 이 문제를 해소하고 싶다면 기초연금을 차등 지급할 게 아니라 국민연금 자체를 개혁하는 게 올바른 길이다.

국민연금과 기초연금은 족보가 다른 제도이다. 국민연금은 가입자들이 낸 보험료를 재원으로 가입자들에게만 급여를 제공하는 사회보험이고, 기초연금은 조세를 기반으로 65세 이상 노인들에게 기여 여부와 무관하게 지급하는 사회 수당이다. 그런데도 박근혜 정부는 기초연금 재정 지출을 줄여보고자 국민연금에 대한 신뢰를 훼손하고 있다. 앞으로 고령화가 진행됨에 따라 지속적으로 국민연금을 다듬어야 하고, 이를 위해서는 국민연금에 대한 신뢰가 뒷받침돼야 한다. 국민연금에 가입했다는 이유로 기초연금에서 불이익을 받을 사람들에게 어떻게 국민연금의 개혁을 제안할 수 있겠는가? 연금 개혁에서 근시안만큼 위험한 건 없다.

4. 지자체에 대한 기초연금 재정 압박

기초연금의 운영으로 인해 지자체의 재정 부담이 무겁다. 대다수의 다른 복지와 마찬가지로 기초연금 역시 중앙정부와 지자체가 함께 재정을 조달하는 국고 보조 사업 방식으로 진행된다. 박근혜 후보는 복지의 확대를 공약으로 내걸며 지자체의 부담이 늘어나지 않도록 하겠다고 약속했다. 그런데 실천은 달랐다. 기초연금액을 2배 올리면서 국고 보조율은 기존의 75% 수준을 유지했다.

기초연금이 기초노령연금에 비해 2배가 올랐지만 국고 보조율에 변화가 없으면 지자체에 어떤 일이 일어날까? 이전에는 기초노령연금 10만 원을 지급하기 위해 지자체가 2만 5,000원을 조달하면 됐지만 이제는 5만 원을 마련해야 한다. 인상분만큼 고스란히 지자체의 대응 예산이 늘어난다. 〈도표 19〉를 보면 기초연금의 예산이 기초노령연금 시기였던 2013년 4.3조 원에서 2015년 10.0조 원으로 증가한 것을 알 수 있다. 그에 따라 지자체가 책임지는 대응 예산도 1.1조 원에서 2.4조 원으로 2년 만에 1.3조 원이 늘어났다.[5]

〈도표 19〉 기초연금 도입에 따른 국비·지방비 증가

구 분	총 계	국 비	지방비
2013년	4조 2,785억 원	3조 2,072억 원	1조 713억 원
2015년	10조 90억 원	7조 5,634억 원	2조 4,456억 원

보건복지부, 〈기초연금 도입 1년, 생활에 도움된다〉(2015년 7월 7일) 재구성.

이 문제는 시간이 흐를수록 심각해질 것이다. 기초연금의 급여율과 국고 보조율이 지금 방식으로 유지되더라도 고령화에 따라 기초연금의 수급자가 자연 증가하기 때문이다. 2013년 약 614만 명이던 노인 인구는 박근혜 정부의 임기 말년인 2017년 약 712만 명으로, 4년 만에 약 100만 명이 늘어난다. 이후에도 우리나라의 노인 인구는 계속해서 늘어 2025년에는 1,000만 명을 넘을 전망이다. 그만큼 기초연금의 소요 재정도 커지고, 대응 예산에 대한 지자체의 부담도

---

5 무상 보육에 대한 국고 보조율은 그나마 정치권의 치열한 논의를 거쳐 2014년부터 평균 49%에서 64%로 15% 포인트 인상되었으나(서울 20→35%, 지방 50→65%) 기초연금에 대한 국고 보조율 인상 논의는 진전이 없다.

무거워질 수밖에 없다.

기초연금은 박근혜 정부가 결정한 국가사업이기에 이로 인한 지자체의 재정 부담을 중앙정부가 보전해주는 것은 당연한 일이다. 실제로 박근혜 대통령의 대선 공약에도 이러한 내용이 분명하게 담겨 있다. 〈박근혜 대통령 후보의 재정 공약〉에 있는 재정 조달 공약 3대 원칙 가운데 하나가 "지방 재정 부담 충분히 감안한 재원 조달"이고, 구체적으로 "지자체의 추가 재원 소요 규모를 충당하기에 충분한 규모로 하겠음. 만약 지자체의 재원 조달이 부족하면 중앙정부에서 추가 지원"하겠다고 밝혔다. 이는 복지 공약을 이행하기 위해 지방교부세율을 인상하거나 해당 사업의 국고 보조율을 올리겠다는 의미이다.

과연 기초연금의 대응 예산을 지자체가 감당할 수 있을까? 무상보육 누리과정의 예산 부족이 교육청의 반발을 야기했듯이 기초연

박근혜 대통령 후보의 재정 공약

금 재정 문제는 조만간 지자체의 저항을 낳을 개연성이 크다. 지자체는 스스로 결정하는 세입 수단을 거의 갖고 있지 못하다. 중앙정부에서 이전되는 지방교부세 혹은 국고 보조율의 인상 외에는 사실상 답이 없다. 그런데 2016년 현재 지방교부세율은 내국세의 19.27%, 기초연금의 국고 보조율은 약 75%로 이전과 동일하다. 심지어 지방교부세는 경기 침체로 인한 세입 정체로 2013~2015년 3년간 35조 원 수준에 머물러 지자체의 재정 압박을 더욱 가중시켰다.

상황이 이렇다면 이제 중앙정부가 책임을 이행해야 한다. 현행 방식으로는 갈수록 지자체가 기초연금 사업을 운영하기 힘들 것이다. 기초연금은 전체 노인 가운데 하위 70%에게 지급되는 준보편 복지이고, 소득과 자산 관련한 공적 자료를 기준으로 수급자가 선정되는 제도이다. 지자체가 지급 업무를 맡되 소요 재정은 중앙정부가 책임지는 방향으로 가야 한다.

기초연금의 제자리 찾기

빠른 속도로 고령화가 진행되는 한국에서 기초연금이 나아갈 길은 무척 중요하다. 기초연금은 대다수의 노인들에게 지급되는 사회수당이다. 공적 연금 가운데 가장 보편적이고, 소득 격차 개선에도 역할을 할 수 있는 연금이다.

한국의 공적 연금이 건강하게 뿌리를 내리기 위해서는 당장 '기초연금의 제자리 찾기'에 힘써야 한다. 기초연금 개혁의 우선순위에서 가장 절박한 건 '줬다 뺏는 기초연금'의 해결이다. 대다수의 노인들이 기초연금을 받는데 오히려 가장 가난한 노인들은 여기서 배제되고 있다. 정부 정책이 어려운 노인을 더욱 힘들게 하는 어처구니없는 일을 더 이상 방치하지 말아야 한다.

기초연금의 물가 연동을 소득 연동으로 되돌리는 일도 제자리 찾기의 중요한 숙제이다. 2015년부터 물가 연동으로 인해 기초연금의 인상 폭이 낮아졌고, 이후 시간이 흐를수록 복리 효과에 의해 기초연금은 왜소해질 가능성이 크다. 노인 빈곤율이 높은 한국에서 물가 연동은 기초연금의 상대적 가치를 더 낮춰 빈곤율 개선 효과에도 부정적인 영향을 미칠 것이다.[6]

국민연금과 연계한 감액 조치도 중단돼야 한다. 기초연금의 도입 과정에서 최대 피해자는 국민연금이다. 국민연금에 오래 가입할수록 기초연금의 감액 폭이 커 국민연금에 대한 신뢰가 훼손되었다. 국민연금이 지닌 세대 내, 세대 간의 형평성 문제는 국민연금제도 안에서 푸는 게 정공법이다.

기초연금이 순조롭게 운영되기 위해선 지자체에 대한 재정 지원도 확대돼야 한다. 박근혜 대통령의 공약대로 기초연금 지출의 추가분만큼은 중앙정부가 책임져야 한다.

물론 기초연금의 미래 개혁 목표가 '제자리 찾기'에 그칠 수는

---

6 외국의 기초연금을 보면 금액 조정 방식이 물가 연동, 소득 연동, 물가와 소득을 조합한 방식 등 다양하다. OECD는 임금이 물가보다 더 빠르게 증가할 것으로 예상되기에 물가 연동은 기초연금의 상대적 가치를 하락시키고, 이는 명확히 노인 빈곤의 위험을 의미한다고 설명한다. 노인 빈곤율을 계산하는 기준은 중위 소득인데, 기초연금은 물가만큼만 오르기 때문이다. OECD(2016),《Pension at a Glance 2015》, 59쪽.

없다. 앞으로 더욱 노인 수가 많아지고, 불안정 계층 시민들이 노후 빈곤에 노출될 개연성이 커 시간이 흐를수록 공적 연금에서 기초연금이 수행해야 할 역할은 확대되는 게 바람직하다. 이에 대해서는 개혁 대안을 논의하는 8장(〈내가 만드는 공적 연금〉)에서 다룰 것이다.

한국의
다층
연금 체계

5장

지금까지 우리나라 공적 연금의 두 축을 이루는 국민연금, 기초연금에 대해 살펴보았다. 이제는 우리나라의 연금 체계를 종합적으로 다룰 차례이다. 연금 개혁 논의에서 국민연금과 기초연금을 분리해 다루는 것은 곤란하다. 이미 두 연금은 동전의 양면처럼 공적 연금의 두 기둥을 이룬다. 더 나아가 공적 연금은 아니지만 법에 따라 시행되는 퇴직연금도 존재한다. 우리나라의 의무적 연금은 이제 국민연금 하나에서 기초연금, 퇴직연금까지 포괄하는 다층 체계로 발전하고 있다. 그렇다면 연금 개혁 논의도 세 연금을 결합할 수 있어야 한다.

　다층 체계의 시야로 논의의 지평을 넓히면 일반적으로 알려져 왔던 연금을 둘러싼 통념도 다르게 평가될 수 있다. 예를 들어 '국민연금은 용돈 연금이다'라는 주장은 타당한 것일까, '2007년 연금 개혁은 국민연금을 인하했으므로 개악이다'라는 진단은 적절한 것일까, 이미 다층 체계가 형성돼 있다면 '연금 개혁에서 우선순위는 무엇일까' 등 새롭게 생각해봐야 할 주제들이 등장한다. 5장을 통해 우리나라의 연금 체계를 종합적으로 바라보는 시야를 갖자.

2007년 연금 개혁 : 국민·기초 2원 체계 구축

2012년 대통령 선거에서 여야 정치권은 한목소리로 기초연금 20만 원을 공약으로 내걸었다. 2016년 총선에선 야당들이 기초연금 30만 원을 제시했다. 이는 우리나라의 공적 연금에서 기초연금의 위상이 커가고 있음을 보여준다. 그럼에도 공적 연금 논의에서는 여전히 국민연금 중심의 사고가 강해 다층 연금 체계에 대한 균형적인 접근을 어렵게 한다. 이러한 문제의식에서 2007년 연금 개혁을 재평가해보자. 근래 공적 연금 개혁을 국민연금 중심으로 할 것인가, 기초연금 중심으로 할 것인가를 두고 엇갈리는 주장이 제기되는 배경에는 2007년 연금 개혁에 대한 상반된 평가도 존재하고 있다.

2007년 연금 개혁 논의에서 핵심 쟁점은 '재정 안정화'와 '사각지대 해소'였다. 재정 안정화는 미래 세대의 연금 재정 부담을 완화하는 일이고, 사각지대 해소는 국민연금을 받을 수 없는 노후 빈곤 계층을 지원하는 일이다. 2003년 노무현 정부가 연금 개혁안을 발의할 때는 재정 안정화가 유일한 목적이었다. 이후 한나라당, 민주노동당이 기초연금을 적극 공론화하면서 사각지대의 문제가 주요 과제로 떠올랐고, 그 결과 2007년 국민연금법이 개정되면서 새로이 기초노령연금이 도입되었다.[1]

재정 안정화 목표는 국민연금법 개정에서 다루어졌다. 보험료율을 9%로 유지하는 대신 급여율은 기존 60%에서 2008년 50%로 인하하고, 이후 2028년까지 20년간 매년 0.5%씩 낮추어 40%에 이르는 방안이다. 국민연금 가입자의 입장에서 보면 이전에 비해 급여 혜택이 후퇴해 평균 수익비가 2.5 안팎에서 1.9로 낮아졌다. 그럼에도 수익비는 여전히 1을 넘으므로 납부하는 보험료에 비해 손해를 보는 것은 아니다.

국민연금의 급여율 인하와 함께 기초노령연금이 도입되었다. 기초노령연금은 2008년 국민연금 가입자의 평균 소득 기준 5%의 금액으로 시작해 20년 후인 2028년 10%까지 상향되도록 설계되었고, 지급 대상의 범위는 논란을 거듭하다 70%로 정해졌다.

2007년 연금 개혁의 핵심은 무엇일까? 많은 사람들이 국민연금의 급여율 인하를 꼽는다. 일반적으로 보수 진영에선 국민연금의 재정 안정화를 일부 달성했다는 긍정적 의미에서, 진보 진영에선 국민연금을 용돈 연금으로 전락시켰다는 부정적 의미에서 이를 강조한다. 나는 2007년 연금 개혁에 대한 평가는 국민연금의 급여율 인하

---

1 사각지대에 대한 대책으로 노무현 정부는 기초노령연금을, 한나라당과 민주노동당은 기초연금을 주장했다. 이 책에서도 노무현 정부의 방안을 이야기할 때는 기초노령연금, 한나라당과 민주노동당의 방안을 이야기할 때는 기초연금으로 용어를 구분해 사용하겠지만 연금 개혁 논의가 진행됨에 따라 용어 차이는 큰 의미를 지니지 않게 된다.

와 기초노령연금의 도입, 두 가지 변화를 종합적으로 담아야 한다고 판단한다. 이러한 시각에서 보면 2007년 개혁의 핵심 내용은 한국의 공적 연금이 국민연금 단일 체계에서 국민·기초 2원 체계로 전환된 것이다.[2]

이 개혁은 우리나라의 공적 연금 역사에서 어떠한 의미를 지닐까? 답은 긍정적이다. 국민연금의 급여율만 보면 후퇴지만 2원 체계의 시야에서 보면 기존의 국민연금 단일 체계가 지녔던 세대 내, 세대 간의 형평성 문제가 개선되었다.

〈도표 20〉 2007년 연금 개혁

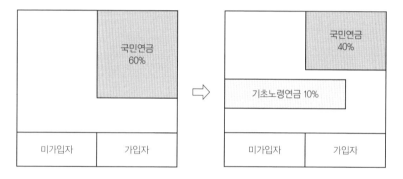

연금별 도형의 크기는 미래 평균 실질 급여율을 모든 가입자에게 동일하게 적용해 그렸다.

---

2 국민연금 급여율 40%는 2006년 민주노동당이 국회에 제출했던 국민연금법 개정안의 내용이며, 2007년 4월 민주노동당, 가입자 단체들이 한나라당과 함께 만든 공동 수정안의 내용이기도 하다. 2007년 4월 국회 본회의에서 민주노동당과 한나라당은 당시 여당인 열린우리당의 연금 개정안 표결 상정에 대항해 공동 수정안을 맞상정했다. 이때 민주노동당과 한나라당은 2018년에 기초연금 10% 도달을 전제로 국민연금의 급여율을 40%로 인하하는 것에 동의했다(보험료율은 9% 유지). 오건호(2007), 〈국민연금법 개정안 평가 및 연금 정치〉, 《동향과전망》 71호.

이러한 개선을 가능하게 한 핵심 요인은 기초노령연금의 도입이다. 기초노령연금에서 급여율은 가입 기간과 무관하기에 법정 명목 급여율이 그대로 실질 급여율이다. 즉 급여율 10%가 노인 수급자 모두에게 적용된다. 반면 국민연금의 실질 급여율은 법정 명목 급여율에서 가입자별 가입 기간을 따져 계산한다. 국민연금연구원 분석 자료에 의하면 대략 향후 40년 이후인 2050~2070년에 국민연금 노령연금 수급자의 평균 가입 기간은 약 20~22년으로 예상된다. 따라서 명목 급여율은 60%이지만 미래 가입 기간을 감안하면 실질 급여율은 평균 30~33% 수준이다. 따라서 국민연금의 명목 급여율이 60%에서 40%로 3분의 1 낮아졌다는 것은 실질 급여율 측면에서는 10~11% 포인트 인하된 효과를 가진다. 결국 실질 급여율의 기준으로 보면 기초노령연금을 통해 10%의 급여율이 생겼고, 국민연금에서 10~11%가 깎였으므로 2007년 개혁에서 공적 연금 급여율의 증감은 비슷하다. 실제로 2007년 연금 개혁 논의에서 기초노령연금의 급여율이 10%로 정해진 데는 국민연금 급여율의 삭감분을 보전한다는 취지도 담겨 있다.

더 중요한 것은 기초노령연금의 도입과 국민연금의 급여율 인하가 가입자 계층별로 미치는 하후상박의 효과다. 국민연금의 경우 상위 계층일수록 보험료도 많이 내고 가입 기간도 길어 수급액이 많기에 삭감된 3분의 1의 금액이 상대적으로 크며, 하위 계층일수록 적다. 반면 기초노령연금은 70%의 노인들에게 동일하게 지급된다. 그 결과 평균 소득에 해당하는 가입자는 삭감되는 만큼의 금액을 기초노령연금을 통해 보전하고, 상위 계층일수록 손실을, 하위 계층일수

<도표 21> 2007년 연금 개혁에 따른 계층별 손익 변화(만 원)

		1/2 소득 (100만 원)			3/4 소득 (150만 원)			평균 소득 (200만 원)			3/2 소득 (300만 원)			2배 소득 (400만 원)		
		10년	20년	30년	10년	20년	30년	10년	20년	30년	10년	20년	30년	10년	20년	30년
개혁 이전(A)	국민(60%)	22.5	45	67.5	26.3	52.5	78.8	30	60	90	37.5	75	112.5	45	90	135
개혁 이후(B)	국민(40%)	15	30	45	17.5	35	52.5	20	40	60	25	50	75	30	60	90
	기초노령	20	20	20	20	20	20	20	20	20	20	20	20	0	0	0
	계	35	50	65	37.5	55	72.5	40	60	80	45	70	95	30	60	90
손익(B–A)		12.5	5	-2.5	11.2	2.5	-6.3	10	0	-10	7.5	-5	-17.5	-15	-30	-45

평균 소득을 200만 원으로 가정. 2007년 연금 개혁에 따라 국민연금과 기초노령연금의 급여액 변화 계산. 2배 소득자(월 400만 원)는 상위 30%에 속해 기초노령연금 미수급 계층으로 가정.

록 이득을 보게 되었다.

이러한 사실을 구체적 수치로 확인해보자. 〈도표 21〉은 가입자의 평균 소득을 200만 원으로 가정하고 2007년 연금 개혁의 손익을 계산한 결과이다. 평균 소득자는 20년 가입을 기준으로 연금 개혁의 손익이 갈린다. 20년 가입자는 국민연금의 삭감액과 새로 받는 기초노령연금의 수급액이 같고, 10년 가입자는 월 10만 원 이익, 30년 가입자는 월 10만 원 손해이다. 평균 소득자들은 대부분 가입 기간도 평균 가입 기간 전후일 것으로 예상되기에 2007년 연금 개혁의 손익은 이들에게 중립적이라고 말할 수 있다. 150만 원 소득자는 10년 가입하면 월 11.2만 원, 20년 가입하면 월 2.5만 원 이익이다. 30년 가입하면 월 6.3만 원 손해지만 이 소득 계층에서 장기 가입자는 그리 많지 않을 것이다. 이와 달리 300만 원 소득자는 20년 가입해도 총 연금액은 5만 원이 줄어든다. 여기에 해당하는 사람들의 대부분이 20년 이상 가입할 것으로 예상되기에 대부분 총 연금액은 감소할 것이다.

최상위와 최하위 계층에선 손익이 더욱 크게 엇갈린다. 국민연금의 사각지대에 있는 노인들, 즉 거의 취약 계층인 노인들은 새로 기초노령연금을 받게 되었다. 국민연금에서 깎이는 것 없이 기초노령연금을 받는다. 반면 상위 30%는 국민연금 수급액이 상당히 삭감당하지만 기초노령연금 수급에서도 제외돼 가장 손실이 크다.

요약하면 〈도표 22〉에서 보는 것처럼 2007년 연금 개혁으로 계층별 공적 연금 급여에 하후상박의 변화가 생겼다. 국민연금의 평균 소득자는 급여 변화가 대략 중립적이지만 상위 계층일수록 기초노령연금보다 국민연금이 더 깎이고, 하위 계층일수록 국민연금의 인하에 비해 기초노령연금의 금액이 더 크다. 기존 국민연금 단일 체계

〈도표 22〉 2007년 연금 개혁의 계층별 손익

계층	내용	손익
상위 소득자	국민연금 인하	− −
중상 소득자	국민연금 인하 〉기초노령연금 10%	−
평균 소득자	국민연금 인하 ≒ 기초노령연금 10%	≒
중하 소득자	국민연금 인하 〈 기초노령연금 10%	+
하위 소득자(미가입자)	기초노령연금 10%	++

평균 소득자는 국민연금 가입자의 평균 소득 계층. 가입 기간 20년 가정.

가 지녔던 세대 내의 형평성 문제가 개선된 것이다.[3]

또한 2007년 연금 개혁으로 급여율이 60%에서 40%로 인하되면서 국민연금제도에서 미래 세대의 부담이 완화되었다. 보험료율과 급여율이 상호 독립적인 국민연금 구조에서 보험료율의 변화는 없지만 급여율이 낮아졌으므로 그만큼 미래 국민연금의 지출 규모가 줄었기 때문이다. 애초 국민연금이 안고 있던 세대 간의 형평성 문제도 개선된 것이다. 결국 2007년 연금 개혁은 우리나라의 공적 연금을 2원 체계로 전환하면서 기존 국민연금이 안고 있던 세대 내, 세대 간의 형평성 문제를 개선한 전향적 개혁이다.[4]

물론 공적 연금에 포함된 기초노령연금의 미래 재정을 생각하면 총량에서 미래 세대의 부담이 감소한 것은 아니다. 국민연금이든 기초노령연금이든 미래 세대의 어깨를 무겁게 하는 제도인 것은 분명하다. 그럼에도 기초노령연금은 국민연금과 비교해 재정 구조에서 장점을 가지고 있다.

국민연금은 이미 확정된 미래 연금액에 필요한 일부만을 보험료로 거두는 부분 적립 방식이다. 만약 후세대의 부담을 줄여주려면 지

---

3 국민연금의 인하는 소득자(가입자)에게만 적용되는 데 비해 기초노령연금의 도입은 부부 모두에게 적용된다. 이에 노인 부부 중 한 사람만 국민연금에 가입한 평균 소득자 가구의 경우 부부 두 사람이 모두 기초노령연금을 받으므로 가입 기간이 20년일지라도 총 연금액은 순증한다.

4 한편 진보적 시민사회와 학계의 다수는 2007년 개혁의 핵심으로 '국민연금 개악'을 꼽는다. 2015년 5월 박근혜 정부와 새누리당이 공적 연금 강화에 소극적인 태도를 보이자 진보적 성향의 복지 관련 학자들은 규탄 성명을 발표했다. "복지국가의 현재와 미래에 대해 연구하거나 관심을 집중해온 전국 대학교수 및 연구자 178인"은 성명에서 "노후의 연금 소득 대체율이 50% 이상 보장되는 방안을 마련함으로써 2007년 이루어진 국민연금 개악을 교정해야 한다"고 요구했다.

금부터 보험료를 상향해나가야 하는데, 이는 보험료 인상이라는 정치적 의사 결정이 필요하다. 지금도 보험료율이 낮고 이후 인상이 지체될수록 어느 시점에서 크게 올라야 하는 보험료 절벽이 생길 개연성이 크다. 반면 기초노령연금은 당해 지출을 당 세대가 책임지는 부과 방식의 재정 구조이다. 노인 수가 많아질수록 기초노령연금의 지출에 필요한 재정이 늘어나는 구조이다. 이는 고령화에 따른 미래의 재정 규모가 어느 시점의 급격한 증가 대신 단계적 혹은 연속적 증가를 수반하는 구조이다. 초고령 시대로 진입하는 대한민국에서 연금 지출 증가에 대응하는 세대별 책임과 세대 간의 대화를 가능하게 하는 연착륙 재정 구조인 것이다. 이에 대해서는 대안을 다루는 8장(내가 만드는 공적 연금)에서 다시 살펴볼 것이다.

OECD의 연금 체계와 한국 연금의 특수성

2007년까지 일반 국민을 대상으로 한 우리나라의 연금은 국민연금밖에 없었으나 지금은 법으로 의무화된 연금이 세 개이다. 기초연금이 도입되었고, 퇴직연금도 성장하고 있다. 연금의 시야를 법정 의무적 제도로 넓히면 한국의 연금은 이미 다층 체계를 이룬다.

다층 연금 체계는 OECD 국가의 일반적인 특징이다. OECD는 격년으로 회원국들의 연금 실태에 대한 보고서를 발간한다. 〈도표 23〉에서 보듯이 OECD는 노후 연금 체계를 1층 의무적 기초 보장 연금, 2층 의무적 소득 비례 연금, 3층 자발적 연금으로 구분한다.

〈도표 23〉 OECD의 노후 연금 체계

	공적 연금	사적 연금
3층		자발적 연금
2층	의무적 소득 비례 연금	의무적 소득 비례 연금
1층	의무적 기초 보장 연금	

OECD(2016), 《Pension at a Glance 2015》, 125쪽 재구성.

1층 의무적 기초 보장 연금은 전체 노인 혹은 일부에게 기초 수준의 노후 소득을 보장하는 제도이다. OECD 회원국 거의 모든 나라에서 기초 보장 연금이 운영되는데, 여기에는 노인들에게 보편적으로 제공하는 '기초연금', 다른 연금소득이 일정 수준에 미치지 못할 경우 그 부족분을 보충해주는 '최저 연금', 빈곤 노인에게 제공하는 '사회부조' 등 세 가지 유형이 존재한다. 이 중 노후 기초 보장의 의미에서 가장 중요한 역할을 하는 제도가 기초연금이다.[5]

〈도표 24〉를 보면 OECD 회원국 대다수의 국가에서 연금 체계의 기본 축은 2층 공적 소득 비례 연금이다. 2층 연금은 가입자가 납

---

[5] OECD의 기초연금 유형 분류에는 논란의 소지가 있다. 2015년 OECD 연금 보고서에 의하면 뉴질랜드, 덴마크, 네덜란드, 일본 등 18개 국가에 기초연금이 존재한다. 2013년 연금 보고서에서는 13개 국가에 대해서만 기초연금의 유형을 인정했지만 2015년 보고서에서는 18개 국가로 확대한 것이다. 예를 들어, 2013년 보고서에서 스웨덴, 핀란드, 노르웨이의 1층 연금은 최저 연금으로 평가되었으나 2015년 보고서에서는 거주를 토대로 하는 제도라는 점에서 기초연금으로 인정되었다(48쪽). 하지만 북구 유럽 국가들의 1층 연금은 최저 연금의 성격을 가진 것이어서 기초연금의 유형으로 분류하는 게 적합한지는 의문이다.

나라	1층 기초 보장			2층 소득 비례	
	기초연금	최저 연금	사회부조	공적	사적
뉴질랜드	O				
아일랜드	O				
네덜란드	O				O
호주	O				O
이스라엘	O				O
덴마크	O		O		O
칠레	O		O		O
아이슬란드	O		O		O
캐나다	O		O	O	
체코	O	O		O	
에스토니아	O			O	O
핀란드	O		O	O	
그리스	O			O	
일본	O			O	
룩셈부르크	O	O		O	
노르웨이	O			O	O
스웨덴	O			O	O
영국	O			O	
오스트리아				O	
벨기에		O	O	O	
프랑스		O		O	
독일				O	
헝가리		O		O	
이탈리아		O		O	
한국			O	O	
폴란드		O		O	
포르투갈		O		O	
슬로바키아				O	O
슬로베니아		O		O	
스페인		O		O	
스위스		O		O	O
미국				O	
터키		O		O	
멕시코		O			O

OECD(2016), 《Pension at a Glance 2015》, 125쪽.

부한 보험료에 비례해 급여가 산정되기에 저축의 성격을 띤다. 이 연금은 기본적으로 소득과 비례해 급여가 정해지는 구조로 설계되지만 미국, 스위스, 포르투갈 등 일부 나라에선 하위 계층에 우호적인 누진 급여율 체계를 갖기도 한다. OECD는 국가가 관리하는 공적 연금뿐만 아니라 민간이 운영하더라도 법률 혹은 단체교섭을 통해 노동자의 85% 이상이 가입하는 보편적 연금이면 2층 의무적 연금에 포함시킨다. 정부가 주관하면 공적 소득 비례 연금, 민간이 주관하면 사적 소득 비례 연금이다. 2층 연금 중 사적 소득 비례 연금은 덴마크, 네덜란드, 칠레, 스웨덴 등 12개 국가에 존재한다.

3층 자발적 연금은 국민들이 스스로 가입하는 직업별 연금, 개인연금이다. 임의적으로 가입하는 연금이기에 OECD의 연금 급여율 계산에는 포함되지 않는다. 우리나라의 연금저축보험, 연금저축펀드 등이 여기에 해당된다.

그렇다면 한국의 기초연금, 국민연금, 퇴직연금은 OECD의 분류에서 어디에 속할까? 언뜻 생각하면 기초연금은 1층 기초연금, 국민연금은 2층 공적 연금, 퇴직연금은 2층 사적 연금에 속할 것 같지만 실상은 그렇지 않다.

우선 기초연금에 대한 평가가 논점이다. OECD는 한국의 기초연금을 사회부조 유형으로 간주한다. 아마도 2014년까지 존재했던 기초노령연금법 제1조(목적)가 "생활이 어려운 노인"을 대상으로 명시했기 때문으로 추정된다. 하지만 현재 기초연금법은 "노인에게 지급"한다고 명시하며 기초연금에 보편적 노인 수당의 위상을 부여했고, 지급 대상도 70%에 달한다는 점에서 한국의 기초연금은 OECD

분류에서 기초연금 유형으로 인정해야 한다는 게 나의 판단이다.

국민연금은 OECD 분류에서 2층 공적 연금에 속한다. 다만 다른 나라와 달리 균등 급여와 비례 급여가 절반씩인 '독특한' 2층 연금이다. 국민연금 안에 가입 기간에 따라 계산되는 균등 급여가 존재하기에 사실상 일종의 '기초연금'이 내재한다는 주장도 가능하다.

퇴직연금은 오래전부터 운용되던 퇴직금 제도가 전환해가는 연금이다. 2015년 기준으로 1년 이상 근무한 상시 노동자 1,100만 명 가운데 약 절반이 퇴직연금에 가입되어 있다. 퇴직연금의 도입 역사가 짧아 아직 수급자가 그리 많지 않고, 수급자의 대부분도 연금이 아닌 일시금의 형태로 받는다. 그런 이유로 한국의 퇴직연금은 아직 OECD 분류에서 2층 연금으로 인정받지 못하고 있다. 법적 제도이지만 아직은 연금 형태로 수령하는 사람이 소수에 불과하기 때문이다.

결국 우리나라에 법정 연금으로 기초연금, 국민연금, 퇴직연금이 존재하지만 OECD 분류에서 의무적 연금으로 인정받고 있는 것은 국민연금뿐이다. 기초연금은 온전한 연금제도로 평가받지 못하고, 국민연금은 독특한 구조를 지니며, 퇴직연금은 아직 성숙되지 못했다. 그만큼 한국의 다층 연금 체계는 '특수하고', '진행형'이다.

급여율 비교의 어려움

한국의 의무적 연금의 급여율은 외국과 비교해 어느 수준일까? 한국의 연금 개혁 논의에서 급여 수준의 적정성을 평가할 때 종종

OECD 회원국들의 급여율이 인용된다. 그런데 OECD의 급여율 수치를 해석하는 데는 세심한 주의가 필요하다. 2005년부터 발간되는 OECD 연금 보고서는 연금제도의 국제 비교를 위한 중요한 자료이지만 한계도 지니고 있기 때문이다.

우선 OECD가 제시한 급여율은 현재를 기준으로 한 수치가 아니라 각국에서 계획한 연금 개혁이 완료된 미래 모델을 토대로 삼는다. 급여율 계산에 사용되는 경제 변수도 각 나라가 가정한 자체 수치 대신 OECD가 설정한 기준값이 모든 나라에 적용된다. 또한 연금제도의 기본 요소들도 표준화된다. 이 과정에서 최대 가입 기간, 1인·부부 가구의 급여율, 급여율의 내부 구조(보충 급여의 존재 여부), 평균 소득자 가정 등 급여율에 영향을 미치는 각국의 복잡한 특징들이 제대로 드러나지 않을 수 있다.

예를 들어, OECD의 공적 연금 급여율은 1인 노인을 기준으로 기초연금과 소득 비례 연금의 급여율을 합산한다. 따라서 부부 모두에게 제공되는 기초연금의 급여율 수치가 과소평가된다. 실제로는 부부 두 사람이 기초연금을 받지만 급여율의 계산에는 1인 몫만 나타나기 때문이다. 그 결과 공적 연금의 급여율 평가에서 소득 비례 연금만 운영하는 독일의 급여율 37.5%와 기초연금이 포함된 캐나다의 급여율 36.7%(기초연금 13.7%), 일본의 35.1%(기초연금 15.8%)는 수치는 엇비슷하지만 부부 가구의 보장 수준에서 의미 있는 차이가 존재한다고 볼 수 있다. 이런 점에서 OECD의 급여율 수치는 정책 결정의 근거로 삼기보다는 참고 자료로 활용하는 게 바람직하다.[6]

이러한 한계를 염두에 두고 OECD 회원국들의 연금 급여율을

〈도표 25〉 OECD의 의무적 연금 급여율(평균 소득자 기준, 2014년)

	공적 연금	사적 연금	총 급여율
네덜란드	27.1	63.4	90.5
스페인	82.1		82.1
오스트리아	78.1		78.1
룩셈부르크	76.8		76.8
터키	75.7		75.7
포르투갈	73.8		73.8
이탈리아	69.5		69.5
아이슬란드	3.4	65.8	69.2
덴마크	21.5	46.3	67.8
그리스	66.7		66.7
슬로바키아	38.9	23.1	62.1
이스라엘	11.8	49.3	61.0
헝가리	58.7		58.7
스웨덴	37.0	19.0	56.0
핀란드	55.8		55.8
프랑스	55.4		55.4
에스토니아	28.5	22.0	50.5
노르웨이	44.0	5.9	49.8
체코	49.0		49.0
벨기에	46.6		46.6
호주	13.5	30.9	44.5
폴란드	43.1		43.1
스위스	23.3	16.9	40.2
뉴질랜드	40.1		40.1
한국	**39.3**		**39.3**
슬로베니아	38.4		38.4
독일	37.5		37.5
캐나다	36.7		36.7
미국	35.2		35.2
일본	35.1		35.1
아일랜드	34.7		34.7
칠레	0.0	32.8	32.8
멕시코	3.9	21.6	25.5
영국	21.6		21.6
평균	**41.3**	11.6	**52.9**

OECD(2016), 《Pension at a Glance 2015》, 141쪽.

살펴보자. 〈도표 25〉를 보면 2014년 기준 OECD 회원국들의 공적 연금의 평균 급여율은 41.3%, 의무적 사적 연금까지 합친 총 급여율은 52.9%이다. 한국은 공적 연금 급여율이 39.3%로 OECD 평균에 유사한 수준이다. 총 급여율은 퇴직연금이 의무적 사적 연금으로 인정되지 않아 공적 연금 급여율 39.3% 그대로이다.

특히 OECD 기준으로 한국의 급여율을 이해하는 데는 여러 가지 어려움이 존재한다. 우선 한국의 경우 급여율을 산정하는 분모, 즉 평균 소득자의 기준이 애매하다. OECD는 급여율 계산 기준으로 상시 노동자의 평균 소득을 상정한다. 노동시장에서의 평균 소득자와 연금제도에서의 평균 소득자가 같다고 가정한 듯하다. 그런데 한국의 국민연금은 낮은 보험료 상한선, 지역 가입자의 소득 축소 신고 등으로 가입자의 평균 소득(월 약 200만 원)과 상시 노동자의 평균 소득(월 약 330만 원)이 상당히 다르다. 이로 인해 OECD가 제시한 한국의 급여율 수치를 이해하는 데 혼란이 존재한다. 실제 상시 노동자의 평균 소득을 기준으로 계산하면 OECD가 제시한 급여율보다 낮을 것이라는 추론이 가능하다.[7]

---

6 OECD 연금 수치의 한계에 대해서는 이용하를 참고했다. 이용하는 OECD의 급여율 수치는 대략적인 정보로만 활용해야지 "급여율의 국가 간 순위를 매기는 등의 비교는 사실상 일관성과 신빙성이 없으므로 피해야" 한다고 지적한다(16쪽). 이용하, 〈소득 대체율 국제 비교에 관한 OECD 연구의 성과와 한계〉, 《연금포럼》 2008년 봄호, 국민연금연구원.

7 선진국에선 상시 노동자의 평균 소득과 공적 연금 가입자의 평균 소득이 비슷하다. 반면 한국에선 양 소득의 차이가 상당해 어느 것을 기준으로 삼느냐에 따라 급여율이 달라진다. 한국의 급여율 계산의 기준 소득이 무엇인지는 OECD 연금 보고서만으론 확인하기 어렵다. 이용하(2008)는 OECD 보고서(2007)에서 한국의 급여율을 법정 급여율 60%와 유사하게 40년 기준 59.4%로 제시한 것을 근거로 "상시 노동자의 평균 소득과 국민연금 가입자의 평균 소득(A값)이 일치한다고 가정했다"고 설명한다. 만약 실제 상시 노동자의 평균 소득을

한편 한국의 기초연금은 사회부조로 간주돼 공적 연금의 급여율 계산에서 빠져 있다. 한국의 기초연금은 보편적 노인 수당으로서의 법적 위상이 분명하고, 지급 대상도 70%에 달한다는 점에서 OECD 기준에서도 기초연금으로 인정해 급여율 계산에 포함하는 것이 적합할 것이다. 그러면 OECD 연금 보고서에서 한국의 공적 연금 급여율은 상향될 것이다.[8]

퇴직연금도 앞으로 중요한 변수이다. 현재 OECD 12개 국가에서 의무적 사적 연금이 운영되고 있다. 이로 인해 OECD 회원국들의 총 급여율 평균은 공적 연금의 급여율 평균보다 높다. 한국의 경우 퇴직연금이 의무적 사적 연금으로 자리 잡지 못해 공적 연금의 급여율과 총 급여율이 동일하다. 공적 연금의 급여율은 OECD 평균과 비슷하지만 총 급여율에서 OECD 평균보다 낮아진 이유이다.

현재 퇴직금 적용 대상 노동자 가운데 퇴직연금에 가입한 노동자는 절반이고, 2015년 현재 퇴직연금의 수급 요건을 갖춘 퇴직자 가운데 연금 형태로 급여를 받는 사람은 7%에 불과하다. 그럼에도 이후 모든 기업에서 퇴직연금이 의무화될 예정이고, 연금 형태의 수령을 독려하기 위한 정책 지원이 이루어진다면 퇴직연금의 위상도

기준으로 환산하면 한국의 급여율은 더 낮아질 것이다. OECD 보고서에서 제시한 한국의 급여율이 실제보다 과대 표현되었다는 지적이 나올 수 있다. 향후 정부와 국내 학계가 명확히 이 논란을 정리할 필요가 있다.

8 OECD 연금 보고서(2016)에서 사회부조형 제도에 대한 설명은 53~54쪽 참조. 사회부조형의 경우 대다수의 지급 대상이 노인의 3분의 1을 넘지 않는데, 한국은 대상이 70%로 준보편적인 성격을 지닌다. OECD 연금 보고서(2016)의 한국 사례편 급여율 그림에서 '기초연금'으로 표시된 것은 국민연금의 '균등 급여'를 의미한다(301쪽).

커질 것으로 전망된다.

기업이 전액 납부하는 퇴직연금의 기여율은 노동자 소득의 8.3%이다. 이를 국민연금 급여율로 계산하면 40년 가입 기준으로 대략 20%의 효과를 지닌다. 즉 퇴직연금은 급여율 면에서 국민연금의 절반에 해당하는 연금인 셈이다. 비록 지역 가입자, 불안정 노동자 들에게는 해당되지 않는 한계를 가지고 있지만 노동자의 상당수가 적용 대상이라는 점에서 미래의 연금 체계를 설계하는 데 중요하게 감안해야 할 제도이다.[9]

정리하면, 연금 급여율의 국제 비교에는 신중함이 요구된다. OECD의 발표 수치를 근거로 삼으면 한국의 공적 연금 급여율은 OECD 평균과 비슷하다고 이해할 수 있다. 하지만 한국의 급여율 산정 방식이 명확히 알려져 있지 않다. 평균 소득자의 기준을 어떻게 설정하느냐에 따라 급여율의 계산 결과가 달라질 수 있다. 기초연금은 제대로 평가받아야 한다. 현재 OECD의 기준에서 의무적 연금으로 인정받는 제도는 국민연금 하나뿐이지만 기초연금은 공적 연금의 급여율 계산에 포함돼야 한다는 게 나의 판단이다. 또한 향후 퇴직연금이 연금 형태로 성숙해간다면 공적 연금과 사적 연금까지 포함한 한국의 의무적 연금의 총 급여율은 상향될 것이다.

---

9 퇴직연금의 급여율은 분석 작업의 변수 설정에 따라 보통 40년 가입 기준 18~20%로 추계된다. 이 책에서는 수치의 단순화를 위해 퇴직연금의 급여율을 20%로 가정한다.

한국의 다층 연금 체계

이제 한국의 연금 체계는 기초연금, 국민연금, 퇴직연금으로 구성된 다층 체계로 발전하고 있다. 우리가 노후를 대비하는 연금 개혁 논의를 벌인다면 이 역시 다층 체계를 기반으로 진행돼야 한다. 한국의 다층 연금 체계를 그림으로 조감하면 〈도표 26〉과 같다.

〈도표 26〉 한국의 의무적 연금 체계[10]

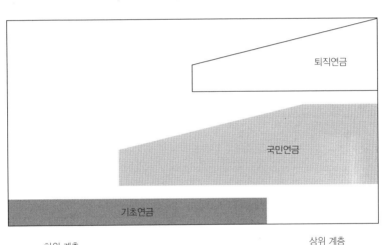

첫 번째 층은 기초연금이다. 지급 대상이 하위 70%의 노인이고,

---

10 모든 계층에게 평균 가입 기간 20년을 적용해 작성한 연금액의 그림이다. 다층 연금의 전체 윤곽을 이해하는 수준에서 참고하기 바란다. 계층별 가입 기간을 엄밀히 적용하면 국민연금과 퇴직연금의 격차는 더 크고, 기초연금은 가입 기간에 따른 감액으로 소득이 높아질수록 하향할 것이다.

약 20만 원이 제공된다. 기초연금은 노인의 시민권을 토대로 지급되는 가장 기초적인 노인 소득 보장 제도이다. 도입 당시 국민연금 가입자의 평균 소득 대비 10%의 급여율로 시작했다. 명목 급여율 10%는 국민연금의 4분의 1에 불과하지만 가입 기간을 따지지 않기에 실질 급여율로 접근하면 국민연금의 절반에 육박하는 수준의 연금이다. 반면 연금액의 조정 방식이 사실상 물가 연동이라는 문제를 안고 있다. 이후 기초연금법에 명시된 5년 주기의 급여 조정 조항을 두고 상당한 논란이 예상된다.

두 번째 층은 국민연금이다. 국민연금은 가입자들끼리 장수 위험을 공유하고 사용자가 보험료의 절반을 지원하는 공적 연금이다. 국민연금의 법정 명목 급여율은 40%, 가입자들의 평균 가입 기간을 감안하면 미래(2050~2070년)의 실질 급여율은 평균 20~22%로 예상된다. 모든 가입자가 낸 것에 비해 더 많은 연금을 받는 후한 제도이지만 계층 간의 격차가 있는 연금이기도 하다. 상위 계층일수록 소득과 가입 기간이 길어 연금액도 커지고, 아예 국민연금에서 배제된 사각지대도 존재한다. 2장에서 확인했듯이 세대 내, 세대 간의 형평성을 확보해야 하는 과제를 안고 있다.

세 번째 층은 사적 영역에서 운영되는 퇴직연금이다. 기여율 8.3%를 국민연금 방식으로 환산하면 40년 가입 기준 급여율이 대략 20%여서 국민연금의 절반에 해당한다. 퇴직연금은 국민연금과 비교해 균등 급여가 없는 완전한 비례 연금으로 상시 노동자만을 대상으로 하기에 사각지대가 더 넓다. 국민연금보다 계층별 격차가 크지만 완전 적립 방식이기에 미래 세대로 넘기는 재정 몫은 없는 연금

〈도표 27〉 한국의 의무적 연금의 총 급여율 추정(%)

가입 기간	국민연금	퇴직연금	기초연금	계
40년	40	20	10	70
30년	30	15	10	55
20년	20	10	10	40

국민연금의 평균 소득 가입자 기준. 퇴직연금의 급여율은 40년 기준 20%로 가정. 기초연금은 도입 당시 10%로 설정.

이다.

그렇다면 한국의 다층 연금 체계의 총 급여율은 어느 수준일까? 〈도표 27〉에서 보듯이 법정 명목 급여율의 합은 70%에 이른다. 결코 낮지 않은 수준이다. 물론 가입 기간 40년을 조건으로 국민연금의 평균 소득 가입자를 기준으로 계산한 수치이다. 만약 가입 기간을 20년으로 상정하면 세 연금을 합한 실질 급여율은 40% 정도이다. 노인 부부 가구를 기준으로 하면 기초연금의 비중이 조금 더 커질 것이다.

다층 연금 체계가 우리에게 주는 함의는 무엇일까? 연금 개혁 논의에서 국민연금 중심의 편향을 넘어서야 한다. 2007년까지 일반 국민에게 적용되는 공적 연금은 국민연금 하나였지만 지금은 기초 연금이 짝으로 존재한다. 2007년의 연금 개혁으로 국민연금 단일 체계가 국민연금·기초연금의 2원 체계로 전환되었고, 이와 더불어 '법정' 사적 연금인 퇴직연금도 있다.

이제는 연금 개혁 논의를 기초연금, 퇴직연금까지 포함한 다층 연금 체계의 관점에서 진행해야 한다. 어떤 노인에겐 기초연금만, 어떤 노인에겐 국민연금과 퇴직연금만 적용될 수 있다. 퇴직연금은 노동시장의 중심권에 있는 노동자에게만 유의미하고, 국민연금은 가입 기간이 길고 상대적으로 소득이 높은 중상위 계층일수록 연금액이 많다. 이렇게 각 연금이 지닌 계층적 성격이 다르다면 연금 개혁의 방향은 각 연금이 지닌 특성을 감안해 설정될 필요가 있다. 다층 연금 체계의 시야를 가지면 '누구의 눈으로 연금 개혁을 추진할 것인가'라는 질문이 중요하게 제기된다. 한번에 모든 연금을 강화하기 어려우므로 연금 개혁의 우선순위도 논점으로 등장할 것이다. 다음 6장에서 연금 개혁 논의에서 종종 등장하는 오해들을 정리하고, 이어지는 장들에서 구체적인 개혁 대안들에 대해 이야기해보자.

연금을 둘러싼
8가지 오해

6장

우리나라에서 국민연금만큼 진단과 개혁 방향을 둘러싸고 다양한 의견이 존재하는 제도도 드물 것이다. 2018년부터는 대한민국이 고령사회로 진입할 예정이어서 공적 연금의 역할은 더욱 중요해진다. 사회경제적 변화만큼이나 연금 체계도 다층화되고 있어 논의의 난이도도 갈수록 높아질 듯하다.[1]

반면 우리나라에서 연금 논의가 얼마나 합리적으로 진행되고 있는지는 의문이다. 여전히 국민연금에 대한 불신이 강하고, 이를 조

---

1 전체 인구 중 65세 이상 노인의 비율이 7% 이상이면 '고령화사회ageing society', 14% 이상이면 '고령사회aged society', 20% 이상이면 '초고령사회super-aged society'라고 부른다. 한국은 2000년 고령화사회에 진입했고, 2018년 고령사회, 2026년 초고령사회가 될 것으로 예상된다.

장하는 이야기들이 서슴없이 등장한다. 이러면 국민연금에 불안감을 가지고 있는 일반 시민들이 연금 개혁 논의 자체를 불편하게 느낄 수 있다. 우리 사회가 후손 세대까지 계속 이어지듯 연금 역시 그래야 하기에 연금에 대한 냉정하고 객관적인 인식과 토론이 요구된다. 6장은 연금을 둘러싸고 당연하게 여겨지던 생각이나 주장 들을 다른 시각에서 점검한다. 그만큼 많은 논점을 담은 장이다.

용돈 연금?

국민연금을 이야기할 때 자주 나오는 이야기가 '용돈 연금'이다. 2015년 기준으로 국민연금에서 유족연금과 장애연금을 제외하고 노령연금을 받는 수급자는 약 300만 명, 이들이 받는 평균액은 월 35만 원이다. 이 금액만 보면 용돈 연금으로 비판받을 만하다. 2015년 1인 가구 최저생계비인 62만 원에 훨씬 못 미치는 수준이다.

그런데 용돈 연금을 이야기할 때 주의할 대목이 있다. 우리가 받는 국민연금액은 두 가지 변수에 의해 결정된다. 하나는 법정 명목 급여율이다. 법으로 정해진 명목 급여율의 수준이 연금액에 영향을 미

〈도표 28〉 노령연금의 가입 기간별 금액(만 원, 2015년 12월 기준)

	20년 이상	10~19년	5~9년	평균(특례 제외)
연금액	88	40	21	35(48)

국민연금공단(2016), 〈국민연금 공표 통계〉(2015년 12월 말 기준).

친다. 다른 하나는 가입 기간이다. 가입 기간에 따라 실질 급여율이 크게 달라진다. 그렇다면 지금 국민연금 수급액이 적은 이유는 무엇 때문일까?

현재 지급되는 국민연금은 이전에 국민연금에 가입했던 사람들이 받는 돈이다. 이들에게 적용된 법정 명목 급여율은 어땠을까? 국민연금의 법정 명목 급여율은 1988년 도입 당시 70%, 10년 후인 1999년에는 60%로 조정되었다. 다시 2008년 50%로 인하되고, 이후 매년 0.5%씩 줄어들어 2016년 현재 46%이다. 법정 명목 급여율로만 보면 그리 낮지 않다.

그런데도 현재 노령연금의 평균액이 35만 원에 머무는 이유는 가입 기간 때문이다. 국민연금연구원 자료에 의하면, 2015년 기준 노령연금 수급자의 평균 가입 기간은 11.4년에 불과하다. 가입 당시 국민연금의 법정 명목 급여율이 60~70%여도 가입 기간이 짧으니 연금액은 적을 수밖에 없다. 예를 들어, 현재 수급자 가운데 가입 기간이 5~9년인 특례노령연금의 수급자가 약 150만 명으로 전체 노령연금 수급자의 절반을 이룬다. 1988년 국민연금 도입 당시 수급자가 되기 위한 최소 가입 기간은 15년이었다. 이 때문에 45세가 넘은 사람들은 물리적으로 이 기간을 채우기 어려워 사실상 제도 혜택에서 배제되는 문제가 발생했다. 이에 이들에 한해 최소 5년만 납부하면 수급권을 부여하는 특례노령연금이 허용되었다. 이후 도시 지역으로 국민연금이 확대된 1999년부터 수급 자격의 기간이 10년으로 단축되자 50세 이상의 국민에 한해 다시 한 번 특례노령연금이 부여되었다. 현재 특례노령연금 수급자의 평균 연금액은 21만 원이다.

특례노령연금의 사례에서 알 수 있듯 국민연금의 수령액을 결정하는 데 법정 명목 급여율만큼 중요한 게 가입 기간이다. 국민연금은 2016년 현재 28년밖에 안 된, 연금제도로서는 비교적 어린 제도이다. 현재는 수급자들의 가입 기간이 짧을 수밖에 없는 근원적 문제를 안고 있다. 2015년 말 기준으로 노령연금의 평균 수령액은 특례노령연금을 제외할 경우 평균 48만 원으로 오른다(평균 가입 기간은 15.4년). 나아가 국민연금제도의 급여 수준을 제대로 평가하려면 가입 기간 20년 이상 수급자의 연금액을 보아야 한다. 이럴 경우 연금액은 88만 원으로 높아진다. 이는 현재 연금액이 적은 이유가 급여율보다는 가입 기간에서 비롯된다는 점을 확인해준다.

앞으로는 어떨까? 이후 가입자부터는 법정 명목 급여율이 중요한 변수가 된다. 2016년 국민연금의 급여율은 46%, 2028년에는 40%까지 낮아진다. 2028년에 가입하는 평균 소득의 신규 가입자는 평생 적용되는 법정 명목 급여율이 40%로 낮다. 현재 국민연금 수급자의 연금액은 제도(급여율) 탓으로 돌리기 어렵지만 이후의 신규 가입자부터는 낮은 급여율이 영향을 미친다. 게다가 국민연금 장기 추계에 따르면 가입 기간의 전망 역시 밝지 않다. 2070년까지 가입자의 평균 가입 기간은 약 22년에 머물고 재정 추계 최종 연도인 2083년에는 약 24년이다. 이때에도 평균 실질 급여율이 약 24%에 그치므로 평균 소득이 200만 원이라고 가정하면 평균 연금액이 여전히 50만 원을 넘지 못한다는 이야기다.

낮은 국민연금액에 어떻게 대응해야 할까? 연금에 대한 시야를 공적 연금 전체로 확대하자. 현재 우리나라의 공적 연금은 국민연금,

기초연금의 2원 체계로 구성되어 있다. 공적 연금의 급여 수준을 평가할 때도 국민연금과 기초연금을 합해 따져야 한다. 실제로 국민연금을 받는 65세 이상 노인 중 기초연금을 동시에 받는 사람들이 더 많고, 앞으로 더욱 늘어날 전망이다. 당연히 공적 연금 2원 체계에서 급여 수준은 국민연금과 기초연금을 합산해야 하며, 이럴 경우 우리나라 공적 연금 금액은 국민연금에 기초연금 20만 원을 합해 계산해야 한다.[2]

보통 시민사회에서는 정부가 국민연금에 대한 불신을 부추긴다고 비판한다. 급격한 보험료 인상, 기금 고갈론 위협 등이 그렇다. 하지만 시민사회 역시 이러한 비판에서 자유롭지 않다. 그중의 하나가 바로 '용돈 연금론'이다. 현재 10년 이상 가입한 수급자들이 받는 평균 48만 원의 연금액은 결코 제도 탓이 아니다. 국민연금의 역사가 그리 길지 않기 때문에 생겨난 일이다. 또한 이미 공적 연금의 2원 체계가 자리 잡은 상황에서 국민연금만을 가지고 연금 수준을 이야기하는 것도 적절하지 않다.

정리하면, 우리나라의 공적 연금의 급여 수준을 논의할 때 짧은 가입 기간을 무시하거나 기초연금을 빼고 '용돈 연금이다'라는 주장은 일면적이다. 보험료의 수준이 국민연금의 급여에 상응하지 못하는 현실을 감안한다면 책임 있는 대안 없이 등장하는 용돈 연금론은

---

2 현행 기초연금은 국민연금의 가입 기간에 따라 일정 금액이 삭감되는 구조이다. 2028년 가입자의 기준으로 국민연금 20년 가입자는 17만 원의 기초연금을 받고, 점차 삭감액이 커져 30년 이상 가입자는 10만 원만 받게 된다(기초연금을 20만 원으로 가정한 수치). 이에 따라 중상위 계층일수록 두 연금의 합산액이 줄어드는 문제가 발생한다. 4장에서 제시했듯이 국민연금의 가입 기간과 연계한 기초연금의 감액 문제를 해소해야 한다.

국민연금에 대한 불신을 키울 뿐이다.

개인연금이 국민연금보다 유리하다?

많은 사람들이 국민연금 보험료를 부담스러워하면서도 개인연금 보험료는 자발적으로 납부한다. 국민연금이 의무 제도이고 미래 재정도 불안해 심리적 저항이 생기는 듯하다. 심지어 두 연금을 비교하면 개인연금이 유리하다고 생각하는 사람들도 있다.

〈도표 29〉는 국민연금연구원이 2012년 10~12월 벌인 '제4차 국민 노후 보장 패널 부가 조사'의 결과이다. "국민연금은 개인연금과 비교할 때 대체로 유리하다"는 사실에 대해 '알았다'는 답변은 37.3%에 머물렀다. 또한 "국민연금 수급자는 매년 물가 상승률만큼 증가한 연금을 받는다"는 사실에 대해서도 '알았다'(44.9%)고 답한 사람보다 '몰랐다'(55.1%)고 답한 사람들이 더 많았다. 많은 시민들이 국민연금제도의 기본 특징을 모르고 있다는 조사 결과다. 근래 국민연

〈도표 29〉 국민연금과 개인연금의 비교 응답 결과(%)

구분	알았다	몰랐다	계
국민연금은 개인연금과 비교할 때 대체로 유리하다	37.3	62.7	100.0
국민연금 수급자는 매년 물가 상승률만큼 증가한 연금을 받는다	44.9	55.1	100.0

국민연금연구원(2012), 제4차 국민 노후 보장 패널 부가 조사 결과.

금에 대한 이해가 높아지고 있지만 국민연금과 개인연금의 손익을 분명히 비교하고 넘어가자.

국민연금과 개인연금 가운데 어떤 제도가 가입자에게 유리할까? 우선 두 연금의 설계 원리가 전혀 다르다는 점을 확인하자. 국민연금은 수급 기간이 정해져 있지 않다. 사망할 때까지 지급하므로 가입자 내부에서 장수 위험을 공유하는 제도이다. 나아가 국민연금은 수급권자가 사망할 경우 배우자에게 유족연금을 지급해 가족의 생계를 돕는다. 또한 국민연금은 처음 받은 연금액의 가치가 보전되도록 매년 물가에 따라 금액이 조정된다. 사적 연금은 따라올 수 없는 공적 연금만의 강점이다.

가입자가 기여한 몫에 따른 급여액도 국민연금이 훨씬 많다. 역설적으로 이러한 특징은 국민연금의 '세대 간의 형평성' 문제를 발생시키는 원인이기도 하다. 구체적인 수치를 근거로 국민연금과 사적 연금을 비교해보자.

〈도표 30〉은 국민연금, 퇴직연금, 개인연금의 수익을 비교한 자료이다. 2014년 국민연금의 평균 소득 가입자를 기준으로 보면, 국민연금은 매월 18만 원의 보험료를 내고 나중에 월 63만 원을 받지만 퇴직연금과 개인연금은 16~18만 원을 내고 25~29만 원만 받는다. 납부한 금액은 비슷하지만 사적 연금의 수급액은 국민연금 수급액의 채 절반도 되지 않는다.

세 연금의 유불리를 명확하게 보여주는 지표가 수익비다. 국민연금의 수익비는 1.9, 퇴직연금은 1.01, 개인연금은 1.08이다. 국민연금이 압도적으로 가입자에게 유리한 것을 알 수 있다. 만약 사업장

<도표 30> 연금별 수익 비교

		국민연금	퇴직연금	개인연금
보험료	보험료율	9%	8.3%	9%
	월 금액	18만 원	16만 원	18만 원
급여율	급여율	31.6%	12.5%	14.55%
	월 금액	63만 원	25만 원	29만 원
수익비		1.9	1.01	1.08

보건복지부, 〈소득 대체율 비교·분석〉(2015년 3월 5일)을 재구성. 월 198만 원(2014년 국민연금 가입자의 평균 소득) 소득자가 2015년부터 30년 가입하고 20년 수급하는 것을 가정. 개인연금은 운영 경비 고려 안 함.

가입자라면 국민연금 보험료의 절반을 기업이 책임지기에 본인 부담 보험료 대비 수익비는 거의 4배에 육박한다.

오래전부터 이 비밀을 알아챈 사람들이 있다. 전업주부, 60세 이상의 성인 등 국민연금에 가입할 의무가 없음에도 스스로 보험료를 납부하는 사람들, 즉 임의 가입자들이다. 임의 가입자는 60세 이전에 스스로 가입하는 임의 가입자와 60세 이후에도 계속 보험료를 납부해 가입 기간을 이어가는 임의 가입 계속자로 구성되는데, 2015년 기준으로 약 46만 명에 이른다.

국민연금이 지닌 또 다른 강점은 다양한 보험료 지원이다. 〈도표 31〉에서 보듯이 2012년부터 '두루누리 사회보험료 지원 사업'이 실시되고 있다. 2016년 기준으로 10인 미만 영세 사업장에서 140만 원 미만의 월급을 받는 노동자와 그 회사에는 국민연금 보험료의 최대 60%까지 지원해준다. 또한 출산 크레디트, 군 복무 크레디트, 실업

<도표 31> 국민연금 보험료 지원 정책

과제		대상자	시행
두루누리 지원 사업		10인 미만 사업장 노사에 최대 60% 지원	2012
크레디트 인정	출산	둘째 아이부터 추가 가입 기간 인정	2008
	군 복무	6개월 이상 복무자에게 6개월 인정	2008
	실업	실업 기간 보험료 75% 지원	2016

크레디트 등 가입 기간을 추가로 인정해주는 지원도 있다. 출산 크레디트는 둘째 아이의 출산부터 가입 기간을 추가로 인정해주고(둘째 12개월, 셋째부터 18개월), 군 복무 크레디트는 6개월 이상 군 복무를 한 사람들에게 6개월의 가입 기간을 인정해준다. 실업급여를 받는 실업자에게 국민연금 보험료를 지원해주는 실업 크레디트도 2016년 8월부터 시행되었다.

반면 개인연금에는 치명적인 약점이 있다. 바로 계약 유지율이다. 개인연금은 초기 관리 운영비가 많이 공제되기에 중간에 해지하면 손해를 보게 된다. 현재 개인연금 가입자 가운데 10년 이상 계약을 유지하는 비율은 약 절반에 불과하다. 개인연금을 해약하는 이유의 대부분이 경제적인 어려움에 따른 것으로 예상되기에 서민 가입자일수록 개인연금 해약의 위험에 더 노출돼 있다.

정리하면, 국민연금은 개인연금에 비해 월등하게 유리한 제도이다. 사람들이 반대로 생각하는 배경에는 국민연금에 대한 불신도 있지만 관련 정보가 충분히 전달되지 못한 탓도 있다. 정부뿐만 아니라 시민단체 역시 국민연금에 대한 신뢰를 훼손하지 않도록 시민들에게 객관적인 정보를 제공하고, 국민연금이 안정적이고 지속 가능한 제도로 자리 잡을 수 있도록 연금 개혁의 전망도 열어가야 한다.

국민연금 보험료를 낼 만큼 내고 있다?

국민연금은 젊었을 때 보험료를 내고 은퇴해서 급여를 받는 제도이다. 모두가 국민연금의 필요성에는 동의하지만 보험료의 인상에 대해서는 불편해한다. 사업장 국민연금의 경우 보험료율이 9%에 도달한 1998년 이후 지금까지 보험료 인상에 대한 시도가 사실상 없었고, 앞으로도 쉽지 않아 보인다. 연금 수리적으로 현재의 보험료가 급여에 미치지 못하다는 점은 2장에서 살펴보았다. 그렇다면 우리나라의 보험료율은 외국에 비해 어느 수준일까?

OECD 연금 보고서는 한국, 스웨덴, 캐나다처럼 국민연금의 보험료가 별도로 징수되는 나라와 영국, 미국처럼 사회보장 기여금에 통합된 나라를 구분해 다룬다. 이에 우리나라와 비교하기 위해서는 공적 연금의 보험료를 따로 내는 18개국의 공적 연금 급여율과 보험료율을 살펴볼 필요가 있다. 〈도표 32〉를 보면 18개국의 공적 연금 평균 급여율은 39.4%로 한국의 39.3%와 거의 같은 수준이다. 5장에서 살펴보았듯이 급여율 산정 방식을 이해하는 데 다소 어려움이 존재하지만 한국의 공적 연금 급여율이 그리 낮지 않다고 가정할 수 있다. 반면 보험료율은 한국 9%, 18개국의 평균은 15.1%이다. 급여율

<도표 32> 18개국의 공적 연금 급여율과 보험료율(2014년)

	급여율	보험료율		
		노동자	사용자	계
이탈리아	69.5	9.2	23.8	33.0
핀란드	55.8	7.1	17.8	24.8
터키	75.7	9.0	11.0	20.0
폴란드	43.1	9.8	9.8	19.5
독일	**37.5**	**9.5**	**9.5**	**18.9**
스웨덴	37.0	7.0	11.4	18.4
네덜란드	27.1	17.9	0.0	17.9
일본	35.1	8.7	8.7	17.5
벨기에	46.6	7.5	8.9	16.4
룩셈부르크	76.8	8.0	8.0	16.0
프랑스	55.4	6.8	8.5	15.3
캐나다	**36.7**	**5.0**	**5.0**	**9.9**
호주	13.5	0.0	9.5	9.5
한국	**39.3**	**4.5**	**4.5**	**9.0**
스위스	23.3	4.2	4.2	8.4
아이슬란드	3.4	0.0	7.8	7.8
이스라엘	11.8	3.8	3.8	7.5
덴마크	21.5	0.5	0.8	1.4
평균	**39.4**	**6.6**	**8.5**	**15.1**

OECD(2016), 《Pension at a Glance 2015》 재구성. 연금 보험료를 별도로 납부하는 18개국. 공적 연금의 급여율과 보험료율에 기초연금의 몫도 포함됨(한국의 경우 기초연금은 산정에서 제외).

에 비해 한국의 보험료율이 상당히 낮은 것을 알 수 있다.

구체적으로 몇 개의 국가를 살펴보자. 급여율과 보험료율에서

OECD 평균 근방에 있는 나라가 독일이다. 비례 연금으로만 구성된 공적 연금의 급여율은 37.5%, 보험료율은 18.9%이다. 보험료율이 다소 높은 것은 기존 연금 수급자의 연금액을 조달해야 하는 부과 방식 재정 구조의 특징 때문으로 판단된다. 캐나다의 경우 공적 연금의 급여율은 36.7%, 보험료율은 9.9%로 우리나라에 비해 급여율은 조금 낮고, 보험료율은 조금 높다. 그런데 캐나다의 급여율은 세금을 재원으로 하는 기초연금이 포함된 수치이고, 보험료와 연동된 국민연금만 따지면 급여율은 25% 수준이다. 역시 우리나라의 국민연금보다 급여율 대비 보험료율이 높다.[3]

우리나라 국민연금의 보험료율이 급여 수준에 비해 낮다는 사실은 현재 세대가 진지하게 국민연금의 세대 간 형평성 문제를 생각해야 한다는 점을 시사한다. 예를 들어 스웨덴의 재정정책위원회Fiscal Policy Council는 매년 세대 간의 회계Generational Accounting를 통해 미래의 재정을 진단하는데, 2012년 보고서를 통해 스웨덴의 재정이 세대 간의 장기적 관점에서 지속 가능성을 확보하고 있다고 평가했다. 이는 현재 세대가 재정 개혁에 적극 나선 결과이다.[4]

---

3 급여율과 별도로 연금의 수급 기간도 한국이 길 것으로 전망된다. OECD 국가들의 미래 수급 개시 연령은 평균 65.5세로, 한국의 65세와 비슷하나 65세 이후의 기대 여명은 한국이 길다. 2060~2065년 65세에 도달한 남성의 경우 한국의 기대 여명은 23.8년으로 OECD 회원국 가운데 일본(24.1년) 다음으로 길고, OECD 평균 21.9년보다 약 2년이 길다. 만약 기대 여명대로 진행된다면 수급 개시 연령 0.5년까지 포함해 한국은 다른 나라에 비해 연금을 2.5년 더 받는다. 여성 노인의 경우는 그 차이가 더 커 OECD 평균에 비해 약 4년을 더 받는다. OECD(2016),《Pension at a Glance 2015》, 157쪽.
4 스웨덴의 재정 개혁에 대해서는 오건호(2013)의 〈1990년대 이후 스웨덴 재정·복지 개혁 내용과 평가〉(GPE 워킹페이프) 참조.

독일도 2004년의 연금 개혁으로 재정 안정화 조치를 마련했다. 이후 보험료율의 인상 상한을 22%로 정하고, 연금 지출이 이 수준을 초과하면 연금 급여를 조정하는 자동 조정 장치를 도입한 것이다. 2007년에는 재정 계산 결과 2004년에 설정한 보험료와 연금 수준의 재정 불균형이 확인되자 재정 안정화 조치로 2012~2029년에 걸쳐 지급 개시 연령을 65세에서 67세로 상향 조정하기로 했다.[5]

결국 우리나라의 국민연금 보험료율은 미래에 받을 급여율에 비해 낮고, 이는 외국과 비교해도 분명하게 확인된다. 다른 복지와 달리 국민연금은 급여의 결정 시점과 지급 시점이 다르다. 국민연금은 '확정 급여형' 제도여서 미래에 받을 연금액을 보험료 납부 시점에 미리 정하지만 실제 지급은 은퇴한 미래에 이루어진다. 만약 받을 연금액에 비해 보험료를 적게 내고 있다면 그만큼 미래 세대의 부담은 무거워질 수밖에 없다.

연금제도가 세대 간의 연대를 구현하려면 그에 합당한 조건을 구비하는 세대 간의 계약이 뒤따라야 한다. 현재 국민연금의 세대 간 계약 조건은 어떤가? 국민연금의 기금 소진 시점인 2060년을 기준으로 본다면, 연금 재정을 책임져야 하는 세대는 지금의 20세 이하 청소년과 더 어린 아이들이다. 만약 현행 국민연금의 급여율이 그대로 이어진다면 현재 세대는 2016년에 46%의 급여율을 적용받으면서도 보험료는 9%만 내지만 지금의 청소년들은 2060년에 40%의 급여율을 적용받으면서도 보험료는 20% 이상을 내야 한다. 급여율

---

5 국민연금연구원(2015), 〈독일의 공적 연금 제도〉(홈페이지 '외국의 연금제도' 자료방).

은 오히려 낮은데 보험료는 2배 이상 내야 하는 상황을 지금 청소년들, 아직 태어나지 않은 아이들이 수용할 수 있을까? 지금부터라도 국민연금의 세대 간 형평성을 진지하게 생각해봐야 한다.

기금 수익이 있으므로 미래 세대에 전가하는 것이 아니다?

국민연금을 둘러싼 세대 간의 부담 논의에서 종종 등장하는 주제가 기금 수익이다. 국민연금처럼 미리 보험료를 쌓아두는 적립 혹은 부분 적립 방식의 연금제도에서는 기금 수익이 중요하다. 가입자가 납부한 보험료가 기금으로 적립되고, 이것이 수익을 만들어낸다.

2016년 4월 기준으로 국민연금기금의 총 조성액은 가입자가 납부한 누적 보험료 417조 원(63%)과 이것이 기금이 되어 창출한 수익 241조 원(37%)을 합한 658조 원이다. 그중 132조 원이 국민연금 급여 등으로 지출되었고, 527조 원이 적립금으로 남아 운용되고 있다.

국민연금연구원의 분석에 의하면 20년 가입자 기준 국민연금의 평균 수익비는 1.9이다. 그런데 2015년 국회 공적연금특위의 논의 과정에서 이 수치가 기금 수익을 무시한 분석이라는 비판이 제기됐다. 현재 세대의 보험료가 만들어낸 기금 수익만큼 미래 세대의 부담이 줄어드는 것을 간과하고 있다는 비판이다. 이러한 주장은 "이 경우 국민연금이 세대 간의 불공평한 구조라는 시각은 현저히 약화되거나 주장의 근거를 상실하게 된다"는 논리로 이어진다.[6]

과연 이러한 주장은 근거가 있는 것일까? 연금제도에서 수익비

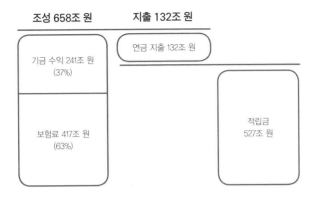

〈도표 33〉 국민연금기금의 현황(2016년 4월 기준)

는 가입자의 손익을 따지는 중요한 개념이다. 시장 논리를 넘어서는 공적 연금에서 수익비는 그리 어울리는 개념은 아니지만 연금 재정 구조를 진단하기 위해 연금 수리적으로 도출되는 불가피한 작업 결과이다. 수익비는 현재 가입자가 납부한 보험료의 총액과 미래에 받을 연금액 총액의 현재 가치를 비교해 산출된다. 이때 각 몫을 현재 가치로 환원하기 위해 물가, 임금 상승률, 기금 수익률 등이 할인율로 사용된다. 만약 연금 급여의 미래 구매력 가치를 알고 싶다면 물가, 연금액이 소득과 연동해 정해지는 확정 급여형에서는 임금 인상률, 연금액이 기금의 운용 성과와 연동하는 확정 기여형에서는 기금 수익률을 할인율로 사용할 것이다.

여기서 주목할 점은 물가, 임금, 기금 수익률 가운데 어느 것을

---

6 김연명(2015), 〈국민연금이 세대 간 형평성을 저해하는가? : 현세대의 '이중 부담' 구조에 근거한 세대 간 형평성의 재해석〉, 《사회복지정책》 Vol. 42, No. 4, 133쪽.

할인율로 사용하든 수익비 계산은 보험료와 급여 총액의 현재 가치를 구하는 할인 과정을 거친다는 사실이다. 즉 수익비 계산에서 분모에 해당하는 보험료 총액의 현재 가치에는 기금 수익의 일부 혹은 전부가 할인율만큼 반영되어 있다. 연금제도의 특성에 따라 어떠한 할인율이 적절한지를 두고 논의를 벌일 수는 있지만 어떠한 형태든 수익비 계산에 기금 수익이 일부 혹은 전부 고려된다.

국민연금 장기 재정 추계에 따르면 할인율의 수치는 기금 수익률, 임금 인상률, 물가 순으로 높다. 명목 기금 수익률은 2011~2060년 4.8~6.3%, 임금 상승률은 4.0~5.9%, 물가 상승률은 2.0~3.2%로 설정됐다.[7] 따라서 수익비는 기금 수익률로 할인하면 가장 낮게, 물가를 적용하면 가장 높게 도출될 것이다.

국민연금의 수익비 계산에 적합한 할인율은 무엇일까? 국민연금은 확정 급여형 제도이다. 노후에 받을 연금이 미리 소득과 연동해 정해진다. 가입자의 입장에서는 기금 수익률과 무관하게 납부할 보험료와 연금 급여가 정해지므로 보험료와 급여의 산정 기준인 임금 상승률이 할인율로 적합할 듯하다. 현재 정부가 국민연금의 수익비 계산에 적용하는 할인율도 임금 상승률이고 수익비 1.9는 이러한 기준에서 나온 수치이다.

물론 기금 수익의 역할을 주목하는 입장에서는 국민연금의 수익비 산정 할인율로 기금 수익률을 제안할 수 있다. 이러면 국민연금 가입자가 얻는 수익비는 다소 낮아진다. 〈도표 34〉를 보면, 2015

---

[7] 국민연금재정추계위원회(2013), 《2013년 국민연금 재정 추계 보고서》, 81쪽.

〈도표 34〉 노령연금 기준 평균 수익비(2015년 가입자)

할인율	가입 기간	수익비
기금 수익률	20년	1.7
	40년	1.5
임금 상승률	20년	1.9
	40년	1.8

국민연금연구원 국회 제출 자료(2015년, 남인순 의원실).

년 가입자의 경우 20년 가입하면 수익비는 1.7이고, 40년을 가입하면 1.5이다. 미래 평균 가입 기간에 가까운 20년을 기준으로 비교하면 기금 수익률 할인 수익비 1.7은 임금 인상률 할인 수익비 1.9에 비해 0.2 포인트 낮다. 기금 수익률로 할인해도 수익비가 현저히 낮아지지 않는다는 사실이 확인된다.

　그런데 실제 세대 간의 부담을 따지려면 수익비 분석은 더욱 엄격해야 한다. 국민연금의 급여에는 은퇴 이후 가입자에게 지급하는 저축 성격의 노령연금뿐만 아니라 보장 성격의 유족연금, 장애연금도 존재한다. 연금 수급자가 사망하면 배우자나 자녀에게 유족연금이 지급되고, 가입 기간 중에 장애가 발생하면 장애연금을 제공한다. 지금까지 정부의 공식 국민연금 수익비 계산에는 유족연금, 장애연금이 포함되지 않았다. 미래 세대의 몫을 제대로 계산하려면 앞으로 유족연금, 장애연금까지 포함한 총 급여를 기준으로 논의를 발전시킬 필요가 있다.

<표 35> 국민연금의 총 급여 구성(2013년 가입자)

	저축성	보장성	
	노령연금	유족연금	장애연금
총 급여	87.1~87.7%	11.4~11.9%	0.9~1.0%

최기홍·한정림(2013), 《소득 계층별 국민연금 수급 부담 구조 분석》 국민연금연구원. 92쪽의 내용을 필자가 재구성. 소득 계층에 따라 비율이 미세하게 다르다.

〈도표 35〉를 보면 2013년 가입자 기준으로 연금 수급자의 총 급여는 노령연금 약 87%, 유족연금 약 12%, 장애연금 약 1%로 추정된다. 이에 국민연금 가입자의 소득 대비 수익비 혹은 미래 세대의 의존 몫을 따지기 위해 노령연금과 유족연금을 합한 급여를 기준으로 수익비를 산출해보았다. 그럴 경우 〈도표 36〉에서 보듯이 임금 상승률로 할인한 수익비는 가입 기간에 따라 2.3~2.4에 이르고, 기금 수익률로 할인한 수익비도 1.8~2.1에 달한다. 이 책에서 세대 간 부담

〈도표 36〉 총 급여 기준 평균 수익비(2015년 가입자)

할인율	가입 기간	수익비
기금 수익률	20년	2.1
	40년	1.8
임금 상승률	20년	2.4
	40년	2.3

국민연금연구원 국회 제출 자료(2015년, 남인순 의원실). 총 급여=노령연금+유족연금. 유족연금은 배우자가 평균 8년 수급하는 것으로 가정.

몫의 기준으로 삼은 수익비 1.9가 현행 국민연금제도의 실체에 조응한다는 이야기다.

국민연금에서 수익비는 민감한 개념이다. 그만큼 수익비에 대한 객관적인 이해가 필요하다. 기금 수익이 있으므로 미래 세대에 재정 책임을 전가하는 것이 아니라는 주장은 근거가 없다. 미래 세대의 몫을 엄밀히 따지기 위해 기금 수익률로 할인하더라도 총 급여를 기준으로 접근하면 수익비는 2배 안팎에 이른다.

〈도표 37〉 국민연금의 지출 재정

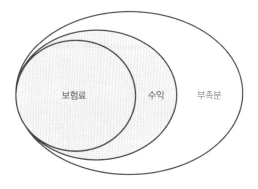

〈도표 37〉을 보면서 국민연금의 지출 구조를 정리하자. 가장 큰 원은 미래의 급여 지출의 총량이다. 국민연금의 지출은 소득에 연동해 미리 정해지는 확정 급여이기에 소득의 몇 %로 산출된다. 즉 보험료와 기금 수익의 총량과 무관하게 소득과 연동한 연금 산식에 의해 정해진다. 현행 국민연금제도에선 미래의 지출 재정이 보험료와 기금 수익만으로는 모두 충당될 수 없어 부족분이 발생한다. 도표에서 대략 현재 세대의 기여 몫은 보험료와 기금 수익의 합이고, 나머

지 부족분이 미래 세대가 부담하는 몫이다. 기금 수익을 감안하더라도 현행 국민연금에서 현재 세대가 미래 세대에 의존하는 몫은 상당하다.

현재 세대는 이중 부담하므로 공평하다?

앞에서 미래 세대의 부담에 대해 이야기했다. 그렇다면 현재 세대는 자신들만 생각하는 집단으로 봐야 하는가? 그렇지 않다. 아마 국민연금에 가입하면서 자기 욕심을 채우기 위해 미래 세대에 부담을 전가하겠다는 생각을 가진 사람은 없을 것이다. 국민연금제도가 복잡해 명확한 판단을 가지기 어렵고, 워낙 미래의 일이라 어떤 방식으로든 문제가 해결되리라고 기대할 것이다.

사실 선진국에서도 공적 연금의 도입 초창기에는 일반적으로 급여에 비해 보험료가 낮았다. 다른 복지는 보험료를 내면 바로 혜택을 볼 수 있는 데 연금은 수십 년 후에나 그 혜택을 받는다. 이에 연금제도가 순조롭게 정착하기 위해 초기 가입자에게 제공되는 일종의 '인센티브'가 바로 낮은 보험료라고 할 수 있다. 문제는 이제부터다. 어느새 국민연금의 역사도 30년에 육박하고, 미래 재정에 대한 불안도 커지고 있다. 국민연금의 지속 가능성과 세대 간의 형평성 취지에서 연금 개혁 논의를 진지하게 벌여야 하는 이유다.

그런데 현재 세대의 낮은 보험료를 옹호하는 논리로 '이중 부담론'이 있다. 공적 연금이 없던 과거에도 부모의 노후를 자식이 지원하는 세대 간의 부양이 이어져왔다. 공적 연금이 도입되면 초창기의 가입자 세대는 부모에게 용돈도 드리고 동시에 자신의 노후를 위해 공적 연금 보험료도 납부해야 한다. 이중 부담론은 현재 세대가 이러한 처지에 놓여 있는 반면 자식 세대는 부모들이 공적 연금을 받기에 부모 부양의 책임에서 상대적으로 가벼워진다고 가정한다. 즉 현재 세대는 자신의 부모도 부양하고 자신의 노후도 준비해야 하는 이중의 책임이 있지만 미래 세대는 부모에 대한 사적 부양 책임이 줄어들므로 대신 공적 연금 보험료를 현재 세대에 비해 더 내는 게 세대 간의 연대에 어긋나지 않는다는 논리다. 심지어 이는 현행 국민연금의 보험료·급여 구조가 '세대 간의 형평성을 저해하는 것이 아니라 오히려 세대 간의 형평성을 증진하는 제도'라는 주장으로 나아간다.[8]

부모에게 드리는 용돈까지 포함하면 현재 세대가 짊어진 짐이 무거운 게 사실이다. 향후 연금 개혁을 논의하는 과정에서 이러한 현실을 감안할 필요가 있다. 그렇다고 이중 부담론이 현재 세대가 져야 할 책임을 회피하는 논리로 활용되는 건 곤란하다.

우선 이중 부담론은 현재 세대의 부모 부양 부담을 강조하지만 미래 세대가 짊어질 초고령사회의 비용을 온전히 고려하지 않는다. 2015년 우리나라의 노인 비중은 13.1%이지만 미래에는 무려 그 3배인 40%에 이를 전망이다. 이는 노인 복지 지출에 막대한 재정이 필요하게 됨을 의미한다. 기초연금의 경우 2016년 우리가 책임지는 재

---

8 김연명(2015), 〈국민연금이 세대 간 형평성을 저해하는가? : 현세대의 '이중 부담' 구조에 근거한 세대 간 형평성의 재해석〉,《사회복지정책》Vol. 42, No. 4.

정은 10조 원으로 GDP의 0.7%에 불과하지만 2060년에는 GDP의 2.4%로 3배 이상 늘어난다. 또한 노인이 많아질수록 의료비 지출도 크게 증가할 수밖에 없다. 모두 미래 세대가 책임져야 하는 세금, 국민건강보험료이다. 진정 세대 간의 노후 부양의 총량을 따진다면 미래의 초고령사회가 직면할 기초연금, 의료비의 지출까지 산정하는 게 공정한 비교이다. 미래 세대가 우리보다 노인 복지에 더 많은 재정을 책임져야 한다는 건 부정할 수 없는 전망이다.

이중 부담론의 구조에도 논란의 소지가 있다. 이중 부담론은 공적 보험료에 대한 의무와 부모에 대한 사적 부양을 동일한 비교 대상으로 삼는다. 보험료 납부는 국가 제도 내에서 이루어지기에 부담의 총량과 계층별 몫이 명확하다. 반면 사적 부양은 임의로 이루어지므로 개인마다 다를 수밖에 없다.[9] 게다가 미래에 공적 연금이 성숙되더라도 사적 부양이 해소될지는 알 수 없는 일이다. 한국보건사회연구원은 비슷한 문제의식에서 17개국을 분석했는데, "고령화가 진전될수록 노후 소득에서 공적 이전이 차지하는 비중은 증가하는 경향이 있으나 사적 이전이 차지하는 비중은 거의 변화가 없다"는 결론을 얻었다. 공적 이전에 따른 사적 이전이 줄어든다는 실증적인 증거가 발견되지 않은 것이다.[10] 사실 미래의 사적 부양의 지속 여부를 지금 단언하기는 어렵다. 사적 부양은 공적 연금의 발전 외에도 종

9 김연명 교수가 '이중 부담론'의 이론적 근거로 삼는 마일스와 피어슨Myles & Pierson(2001)의 분석은 의무적 부과 방식 연금에서 사전 적립을 강화하는 연금 개혁이 시행될 때 현세대에 발생하는 이중 부담에 대한 것이다. 즉 기존 부과 방식의 연금 비용과 추가로 발생하는 보험료 적립 모두 의무적 제도 내부에서 이루어지는 이중 부담이다.
10 원종욱 외(2014),《인구구조 변화와 사회보장재정》, 한국보건사회연구원, 295쪽.

교, 문화 등 다양한 사회문화적 요인에 의해 영향을 받으므로 열린 논의가 필요하다.

설령 이중 부담론의 논리에 따르더라도 연금 수지 균형을 향한 개혁의 필요성은 분명하다. 점차 국민연금의 수급자가 늘어나고 있다. 공적 연금이 성숙해지는 만큼 사적 부양이 줄어들 것이라고 가정하였으므로 줄어드는 사적 부담만큼 공적 연금 재정에서 현재 세대의 책임을 높여가야 한다. 실제로 국민연금의 급여율·보험료율은 이러한 특징을 반영해 수지 격차를 줄이는 방향으로 변화해왔다. 수익비로만 보면 초기 가입자에게는 5.0이 넘었지만 2007년 연금 개혁 전까지는 평균 2.5 안팎이었고, 현재는 1.9에 이르렀다. 앞으로도 이러한 기조를 잇는 연속 개혁이 필요하다. 그런 점에서 2015년 등장했던 '국민연금 50% 급여율'에 대한 비판적인 평가가 필요하다. 국민연금의 급여율을 올리면서 그에 합당한 보험료율의 인상이 동반되지 않으면 급여와 보험료의 격차는 더 커질 수밖에 없다. 이에 대해서는 7장(〈국민연금 인상론의 한계〉)에서 자세히 살펴보겠다.

국민연금이 도입된 지도 벌써 30년이 되어간다. 거의 한 세대가 흘렀다. 지금까지 국민연금은 현재 세대에 대해 상당한 배려를 해왔다. 1988년 도입 당시 국민연금의 급여율은 70%, 보험료율은 3%였다. 이후 급여율이 낮아져 2028년에는 40%에 다다를 예정이지만 여전히 보험료는 급여에 비해 낮다. 국민연금이 지닌 세대 간의 형평성 문제에 대한 현재 세대의 진지한 접근이 요구된다.

연금 재정에 대한 불안, 기금 수익으로 대응하자?

국민연금은 막대한 기금을 가지고 있다. 이 기금은 2040년대 중반까지 계속 늘어날 전망이다. 앞에서 보았듯이 2016년 4월 기준으로 국민연금기금의 조성액은 총 658조 원으로 이 중 37%에 해당하는 241조 원이 국민연금기금의 수익이다. 종종 특정 종목의 손실이 언론에 보도되어 전체 국민연금기금 운용에 큰 문제가 있는 것으로 보여지기도 하지만 실제는 전체 기금의 3분의 1 이상이 수익으로 얻어진 것이다. 이 때문에 국민연금의 미래 재정 부족에 대응하는 방안으로 국민연금기금의 고수익 운용을 요구하는 목소리가 존재한다. 국민연금기금공사를 설립해 금융 전문가들이 국민연금기금의 운용을 전담해야 한다는 오래된 주장도 이러한 맥락에 서 있다.

여기서 잊지 말아야 할 상식은 고수익은 고위험을 동반한다는 사실이다. 수익률을 올리면 행운이지만 반대로 과도한 투자로 손실이 커져 수익률이 낮아지면 보험료율을 인상해야 한다는 논리도 가능하다. 국민연금기금이 고수익 자산 운용에 나서는 게 적절한지에 대한 근본적인 질문을 던져야 한다.

2011년 이후 국민연금기금의 수익률이 외국 연기금에 비해 낮다는 비판이 제기되지만 공적 연기금의 수익률 평가는 장기 관점으로 접근해야 한다. 근래 수익률이 높은 외국 연기금은 2008년 금융위기 때 20%대의 손실을 기록했다. 당시 한국의 국민연금기금은 채권 중심의 안정 자산을 많이 가지고 있던 덕분에 국제적인 금융 위기에서도 손실은 면할 수 있었다. 단기 수익률은 장기 투자를 중심으로 하는 연기금 평가에 적절한 지표가 되지 못한다. 오히려 국민연금 기금과 외국 주요 연기금을 비교할 때 주목해야 할 것은 기금 운용 수익률의 변동성이다. 국민연금기금은 채권 등의 안정 자산에 투자하고 있기에 수익률의 변동성이 작다.

〈도표 38〉 주요 연기금의 수익률과 편차(2004~2013년, %)

	한국 NPS	일본 GPIF	미국 CalPERS	캐나다 CPPIB	스웨덴 AP2	노르웨이 GPFG
총 수익률	6.1	3.4	7.9	9.7	11.2	7.1
수익률 편차	3.5	6.1	13.9	12.9	8.2	13.0

손경우(2014), 〈국민연금의 수익률 및 자산 배분〉, 《연금이슈&동향분석》 17호, 국민연금연구원.

〈도표 38〉은 세계 주요 연기금의 평균 수익률과 수익률 편차를 정리한 자료이다. 2004~2013년 국민연금기금의 평균 수익률은 6.1%로 일본보다는 높지만 미국, 캐나다, 스웨덴의 연기금보다는 낮다. 그런데 수익률 편차를 보면 한국이 크게 낮다. 그만큼 국민연금 기금의 수익 구조가 안정적이라는 것을 의미한다. 국민연금기금에 대해 "위험 대비 수익률은 다른 연기금에 비해 월등히 높다"는 평가도 가능하다.[11]

국민연금 재정의 지속 가능성을 논의할 때 기금과 제도(급여율·

---

11 손경우(2014), 〈국민연금의 수익률 및 자산 배분〉, 《연금이슈&동향분석》 17호, 국민연금 연구원, 12쪽.

보험료율)의 역할을 구분해 인식해야 한다. 국민연금 미래 재정의 불안정은 제도에서 비롯된 것이므로 해법도 제도에서 나와야 한다. 국민연금기금의 운용 성과로 재정 불안을 해소하겠다는 것은 애초부터 잘못된 설정이다. 기금 운용에서 획기적인 성과를 내서 재정 불안을 해소할 수 있다는 주장은 지극히 투기적이고, 국민연금에서 제도와 기금의 역할을 무시한 발상이다.

그러면 국민연금기금의 투자 내역을 살펴보자. 과거에는 채권이 대부분을 차지했으나 점차 주식, 대체 투자 등 위험 자산의 비중이 늘고 있다. 실제로 2010년에는 채권이 차지하는 비중이 71%로 압도적이었으나 2016년 55%로 줄고, 2021년에는 45% 내외로 감소할 예정이다. 대신 주식은 2010년 23%에서 2016년 33%로 늘고, 2021년에는 45% 내외로 채권과 같아질 전망이다. 위험성이 가장 큰 대체투자도 2010년 6%에서 2016년 12%, 이후에도 계속 10% 이상으로 운용될 계획이다. 국민연금기금이 너무 주식, 대체 투자 쪽으로 운용되는 것 아니냐는 우려가 제기될 수밖에 없는 상황이다.

물론 현실적으로 불가피한 측면도 있다. 이미 국민연금기금은 국내 채권 시장에서 상당한 비중을 차지하고 있다. 국민연금기금이 보유한 채권 가운데 절반을 차지하는 국채는 2014년 기준으로 국내 국채 시장의 34.7%를 쥐고 있다. 국민연금기금이 보유한 주식도 국내 유가증권 시장의 6.8%에 달해 단일 투자 기관이 보유한 몫으로는 상당히 크다.[12] 게다가 국민연금기금의 적립금 규모는 앞으로 더 늘어

---

12 국민연금기금의 운용 관련 수치들은 다음을 참조했다. 강대일 외(2015), 《2014년 국민연

날 전망이다. 이에 국민연금기금도 자산 운용 시장에 존재하는 이상 '연못 속 고래'로 머물기보다 해외 시장으로 진출할 수밖에 없는 처지에 놓여 있다. 실제로 채권, 주식, 대체 투자에서 해외 투자의 비중이 2014년에는 22%였으나 2021년에는 35% 이상으로 늘어날 예정이다. 결국 현행 국민연금제도의 특성상 계속 적립금이 쌓여갈 수밖에 없기에 해외 투자 자체를 문제시하기보다는 글로벌 자산 운용 시장에서 어떻게 기금 운용의 안정성을 유지하고, 공적 연기금의 취지에 맞게 공공성을 확보하느냐가 논의의 중심에 오도록 해야 한다.[13]

국민연금기금은 어떠한 운용 전략을 가져야 할까? 물론 자본주의 경제에서 기금이 가진 금융적인 성격을 무시할 수 없다. 금융시장의 논리가 작동하는 공간에서 운용될 수밖에 없고, 수익률에서도 자유로울 수 없다. 그럼에도 국민연금기금은 일반 민간 펀드와는 분명히 다른 정체성을 지닌 공적 기금이다. 금융시장에서 주로 운용된다는 점에서는 같지만 민간 펀드가 수익을 절대 목표로 삼는 투자 자본이라면 국민연금기금은 국민의 노후 소득을 대비하는 공적 예탁금이다. 국민연금기금이 수익성뿐만 아니라 안정성과 공공성을 중

금기금 운용 성과 평가》, 국민연금연구원. 보건복지부(2016), 〈국민연금기금 운용 중기 자산 배분(안)(2017~2021)〉(2016년 5월 16일).

13 국민연금기금과 관련해서 종종 등장하는 논점으로 '현금화 위험론'도 있다. 이는 국민연금기금이 정점에 오르는 2040년대 중반부터 연금 지급을 위해 자산을 매각해야 하므로 이 과정에서 자산 가치의 폭락이 일어날 수 있다는 우려이다. 이는 현실성이 희박한 가정이라는 게 나의 판단이다. 이 주장은 국민연금을 개혁하지 않고 2060년 기금 소진을 방치한다는 가정에서 만들어진 추론이다. 이론적으로는 가능한 시나리오지만 실제로는 어떤 방식으로든 연금 개혁이 진행될 것이므로 국민연금기금이 어느 시점에 급격히 축소되는 대신 적정 수준에서 관리될 것이라는 가정이 더 현실적이다.

요한 목표로 삼아야 하는 이유다.

현재 국민연금기금이 국내 주식시장에서 차지하는 위상은 대단히 높다. 그 비중이 2002년에는 2.1%에 불과했으나 10년 만에 7%에 육박하는 큰손으로 자리 잡았다. 2014년 말 기준으로 국민연금기금이 10% 이상의 지분을 보유한 기업은 삼성물산, CJ제일제당, 현대건설, SBS, 호텔신라 등 59개 사이고, 5% 이상의 지분을 보유한 기업의 수는 무려 259개 사에 달한다.[14]

2015년 1월 기준으로 CEO스코어CEOSCORE가 발표한 30대 그룹 191개 상장사의 현황에 따르면 국민연금기금이 지분을 보유한 기업은 모두 107개 사이고, 그중 약 60%에 해당하는 64개 기업에서 대주주 일가보다 지분이 더 많다. 삼성그룹의 경우는 상장된 13개 사 모두에서 국민연금기금의 지분율이 대주주 일가보다 높았다. 예를 들어 삼성전자의 경우 국민연금기금이 보유한 지분(7.8%)은 이건희 회장(3.38%), 이재용 부회장(0.57%) 등을 포함한 대주주 일가의 지분율 4.7%를 훨씬 웃돈다.

현재 국민연금기금은 국민들에게 그리 좋은 평판을 받고 있지 못하다. 국민연금기금이 불안정한 금융시장에서 운용되고, 안정성을 명분으로 주로 대기업의 지분을 보유하는 역할을 하며, 기금 운용에서도 정치적 개입 의혹이 끊이지 않는다. 이에 나는 국민연금기금이 가진 특수한 위상을 감안해 국민연금기금의 기본 운용 전략으로

---

14 국민연금기금운용본부 홈페이지 자료(http://fund.nps.or.kr/jsppage/fund/mcs/mcs_04_01_03.jsp).

사회 책임 투자를 제안한다. 사회 책임 투자는 연기금의 안정성을 유지하면서도 사회적 역할을 다하려는 투자 전략이다. 보통 기업의 재무적인 측면만을 중시하는 일반 주식 투자와 달리 환경, 사회, 기업 지배 구조ESG : Environmental, Social and Governance 등 사회적 책임을 기업 평가의 주요 기준으로 삼는다. 사회 책임 투자는 이미 해외에선 자산 운용의 주요 흐름으로 등장하고 있으며 투자 유형도 사회적 스크리닝, 경영 참여, 지역 사회의 개발 투자 등 다양하게 발전하고 있다.

국민연금기금도 2006년부터 사회 책임 투자를 시작했다. 비록 국민연금기금이 기본 방향에서 수익성 중심의 운용 전략을 가지고 있지만 공적 연기금으로서 새로이 부상하는 사회 책임 투자의 흐름을 마냥 거부할 수 없었기 때문이다. 2009년에는 'UN 책임 투자 원칙UN-PRI : Principles for Responsible Investment'에도 가입했다. UN-PRI는 전통적으로 중요시되던 재무적인 측면뿐만 아니라 비재무적인 요소를 고려해 투자하자는 국제 권고 규범이다. 2009년 12월에는 국민연금 기금의 의결권 행사 지침을 개정해 ESG 원칙을 명시했고, 2013년에는 국민연금공단에 책임투자팀을 신설했다. 마침내 2015년에는 국민연금법에 "기금을 관리·운용하는 경우에는 장기적이고 안정적인 수익 증대를 위하여 투자 대상과 관련한 환경·사회·지배 구조 등의 (비재무적) 요소를 고려할 수 있다"는 조항까지 마련했다.

이제 국민연금기금의 전향적 활용에 관심을 쏟자. 미우나 고우나 국민연금기금이 존재할 수밖에 없다면 어떻게 관리하고 운용할까에 논의를 집중해야 한다. 국내 채권 시장이 협소하므로 주식 투자에 나서고, 또 해외로 나갈 수밖에 없는 상황이라면 그 규모를 적절히 조정하면서 운용 원칙을 분명하게 세워야 한다. 국민연금기금 운용에서 개혁 방향을 제안하면 다음과 같다.

첫째, 사회 책임 투자를 전체 기금 운용의 주요 원칙으로 확대해 가야 한다. 2015년 현재 사회 책임 투자의 규모는 약 6조 원에 불과하다. 사회 책임 투자의 원리를 국민연금기금의 전체 투자에 적용하지 않고 외부 위탁 주식 투자의 한 유형으로만 한정하기 때문이다. 이후에는 사회 책임 투자를 전체 기금 운용으로 확장하고 이를 활성화하기 위한 지표 개발에 나서야 한다.

둘째, 사회 책임 투자의 한 영역으로 공공투자에 적극 나서자. 당장에라도 우리나라에서 임대, 요양 시설 등 공공 인프라 확충이 절실하지만 국가 재정이 이를 감당하기엔 너무 벅차다. 이에 국민연금기금이 당분간 이 역할을 지원할 필요가 있다. 국민연금기금의 공공투자는 자산을 남기면서 사회적 효과가 큰 미래 지향적 사업이란 점에서 긍정적인 성과를 기대할 수 있다. 이때 정부의 책임 있는 역할이 필수적이다. 국민연금기금이 직접 임대주택이나 보육 시설에 투자할 경우 다른 자산 운용에 비해 수익률이 낮아지는 만큼 정부의 재정 보전이 요구된다.

셋째, 국민연금기금은 주주권을 적극적으로 행사해야 한다. 현재 국민연금기금은 의결권을 매우 소극적으로 행사하고 있다. 2015년에는 삼성 일가의 경영권 계승 프로그램으로 지적된 삼성물산 합병에 찬성표를 던져 불신을 자처하기도 했다. 이후에는 국민연금기금이 주주권을 활용해 국내 대기업들의 독단적인 경영을 감시하고, 사회 책임 경영을 유도해야 한다.

넷째, 국민연금기금의 의사 결정 구조의 민주화도 절실하다. 현재 국민연금기금 운용의 최고 의사 결정 기구인 국민연금기금운용위원회에 가입자 대표도 참여한다. 하지만 위원회가 상설 조직이 아니라 분기별 회의체이고, 구체적인 투자 내역에 대해선 관여하지 못해 사실상 형식적인 논의 기구로 전락해 있다. 위원회를 상설 기구로 격상하고, 가입자 대표도 전문성을 지닌 상근 위원으로 참여해 국민연금기금의 사회 책임 투자를 이끌어야 한다.

출산율을 높이면 미래 재정이 해결된다?

국민연금의 미래 재정에 대한 논의에서 자주 등장하는 주제가 출산율이다. 출산율이 낮으면 그만큼 미래의 보험료 납부자가 줄어들 것이다. 이에 출산율을 적극적으로 높여야 한다는 주장에 상당한 공감대가 형성된다.

2013년 기준으로 한국의 출산율은 1.19명, OECD 평균 1.67명에 비해 낮다. 사실 역대 정권마다 출산율을 올리기 위해 노력해왔다. 노무현 정부 때인 2005년 '저출산고령사회기본법'을 제정하고 2006년 '제1차 저출산고령화기본계획'을 발표했으며, 이후 5년마다 기본계획이 마련되어 2016~2020년 적용되는 제3차 기본계획까지 나와 있다. 그럼에도 실제 출산율은 1984년 2명 이하로 내려온 뒤 계속해서 하락해 2000년 1.47명에 이르렀고, 2002년 이후부터는 지금까지 1.2명 안팎에 머물러 있다.

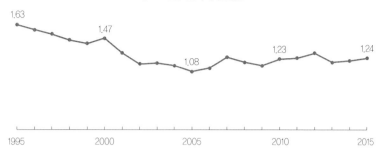

〈도표 39〉 한국의 출산율

1.63

1.47

1.08

1.23

1.24

1995   2000   2005   2010   2015

출산율 장벽에 오랫동안 막힌 답답함 때문일까? 국민연금의 미
래 재정 안정화 방안으로 출산율이 과도하게 강조되는 경향이 있다.
심지어 "국민연금기금의 고갈은 저출산 고령화 때문에 발생한다. 연
금 보험료를 내는 젊은 세대는 줄어드는데 연금을 받는 노령층이 늘
어나기에 수지 적자가 발생하게 되고, 결과적으로 기금 고갈이 발생
하게 되는 것이다. 따라서 출산율이 충분히 높아진다면 기금 고갈 문
제는 자연스럽게 해소될 것이다"라는 주장까지 나온다.[15]

우리나라에서 출산율을 올리는 일이 절박한 과제이긴 하지만 그
렇게 쉬운 일은 아니다. 2016년부터 적용되는 '제3차 저출산고령화
기본계획'은 2020년까지 출산율을 1.5명까지 올리는 의욕적인 내용
을 담고 있으나 과연 실현 가능할지 의구심이 든다. 젊은 부부들에게
임대주택 제공, 보육 복지 확대, 임신 출산 의료 지원 확대 등 다양한
종합 대책이 기본계획에 담겨 있지만 그 지원 규모가 크지 않고, 설

15 김우창(2015), 〈국민연금 기금 고갈을 막기 위한 새로운 생각〉,《월간 복지동향》 8월호.(참
  여연대).

령 이 계획이 모두 구현되더라도 젊은 부부들이 출산을 결정할지는 의문이다. 대한민국이 '살 만한 사회'인지에 대한 믿음을 가질 수 없는 게 저출산의 근본 원인이기 때문이다. 실제로 2차 기본계획에서도 2011년 출산율 1.24명을 2015년 1.35명으로 올리겠다고 선언했지만 여전히 1.2명 수준인 게 현실이다.

게다가 출산율이 오르더라도 국민연금의 미래 재정에 미치는 효과는 제한적이라는 점을 주목하자. 2013년 3차 재정 추계에서 2060년에 기금이 소진되고, 이때 필요한 보험료율은 21.4%로 계산되었다. 이 보험료율은 부과 방식 보험료율이라고 부르는데, 2060년에 국민연금 수급자의 총 연금액을 가입자의 총소득으로 나눈 값이다. 가입자가 많을수록 필요 보험료율이 낮아지는 산식이다. 그렇다면 3차 재정 추계에서 적용한 출산율은 얼마였을까? 재정추계위원회는 통계청이 설정한 중위 수치를 사용해 2020년 1.35명, 2030년 1.41명, 2040년 이후 1.42명이 유지된다고 가정했다. 현재 1.2명의 출산율을 감안하면 결코 출산율을 소극적으로 잡았다고 볼 수 없다. 그런데도 2060년에 국민연금기금이 소진한다는 결과가 나온 것이다.

또한 재정추계위원회는 2020년부터 출산율을 1.7명으로 높이고, 2040년부터는 2.1명에 도달하는 대안 가정도 사용했다. 2.1명은 기존의 인구수를 유지하는 출산율이다. 이 경우에도 국민연금기금은 2061년에 소진되며, 이때 필요한 부과 방식 보험료율은 2070년 17.3%로 결코 낮지 않다. 출산율이 높더라도 태어난 아이가 국민연금 가입자로 역할을 하려면 성인까지 시간이 필요해 미래 재정에 미치는 효과는 무척 느리다.

<도표 40> 3차 재정 추계 작업의 출산율 가정과 추계 결과

	출산율 가정(명)				기금 소진 시점(연)	부과 방식 필요 보험료율(%)		
	2010년	2020년	2030년	2040년 이후		2050년	2070년	2083년
중위 가정	1.23	1.35	1.41	**1.42**	2060	17.5	**22.8**	23.0
대안 가정	1.23	1.70	1.97	**2.10**	2061	16.5	**17.3**	15.0

출산율을 개선하기 위한 노력은 계속돼야 한다. 그럼에도 출산율이 국민연금의 미래 재정에 대한 불안을 개선하는 폭은 그리 크지 않다. 오히려 현재의 수지 불균형이 계속된다면 출산율의 상승으로 늘어난 가입자가 보험료 납부 시기에는 재정 안정에 긍정적인 기여를 하겠지만 이들이 수급자로 전환되는 시점에는 더 큰 재정 부담의 요인이 될 것이다. 근본적으로는 국민연금의 수지 불균형, 즉 수익비의 구조가 변하지 않는 한 재정 부담을 미래 세대에 넘기는 문제는 그대로 존재한다. 국민연금제도(급여·보험료)에서 초래된 재정 불안정 문제를 기금 수익으로 해결하려는 시도가 부적절하듯이 출산율 역시 근본적인 대안은 아니다.

출산율에 대한 냉철한 접근이 요청된다. 출산률 제고가 경제력 기반, 복지 재정 충당 등에 긍정적 영향을 주겠지만 이것이 만병통치약처럼 소개되는 것은 바람직하지 않다. 특히 국민연금은 전체 인구가 아니라 국민연금에 가입한 사람의 급여와 보험료를 다루는 제도이다. 국민연금의 미래 재정 불안 문제는 급여율과 보험료율로 구성된 제도에서 비롯된 것이기에 해법도 거기서 나와야 한다. 출산율에

대한 과대 기대가 정작 우리가 준비해야 할 핵심 과제들을 소홀하게
만들까 우려된다.

서구처럼 부과 방식으로 전환하면 된다?

국민연금에서 미래의 기금 소진 문제는 뜨거운 감자이다. 연금
지급을 위한 적립금이 없으니 당시 가입자들의 재정 부담이 무척 커
지기 때문이다. 그런데 국민연금기금이 소진되어도 그렇게 큰 문제
는 아니라는 주장이 존재한다. 기금 소진은 연금 재정이 부분 적립
방식에서 부과 방식으로 전환되는 것일 뿐이라는 설명이다. 이러한
주장은 서구의 사례들로 그 논리를 뒷받침한다. 선진국들도 처음에
는 적립 방식으로 연금을 운영하다가 기금이 소진된 후 자연스럽게
부과 방식으로 전환해 지금까지 무난하게 제도를 관리하고 있다는
것이다.

여기서 중요한 것은 부과 방식으로의 전환을 위한 '조건'이다. 주
요 선진국들은 20세기 중반 전후로 연금 재정 구조를 부과 방식으로
전환했다. 이와 비교해 미래에 한국이 연금 재정을 부과 방식으로 전
환한다면 그 조건에서 서구의 경우와는 현격한 차이가 있다.

우선 노인 부양비를 살펴보자. 노인 부양비는 생산 가능 인구
(20~64세) 대비 65세 이상의 인구 비중을 말한다. 〈도표 41〉에서 보
듯이 생산 가능 인구를 100명으로 봤을때 1950년 OECD 국가들의
평균 노인 부양비는 13.7명에 불과했다. 10명의 근로 인구가 1.37명

〈도표 41〉 주요 국가의 노인 부양비 변화(명)

	1950년	1975년	2000년	2015년	2025년	2050년	2075년
캐나다	14.0	15.3	20.4	25.9	35.7	46.4	49.9
덴마크	15.6	23.7	24.2	32.2	37.1	42.7	47.6
프랑스	19.5	24.6	27.5	32.8	39.7	49.0	53.4
독일	**16.0**	**26.3**	**26.2**	**35.3**	**43.7**	**65.1**	**66.3**
그리스	12.5	21.8	27.5	33.5	40.2	65.3	59.7
이탈리아	14.3	21.7	29.4	36.5	42.6	68.3	63.3
일본	10.0	13.0	27.6	47.2	55.4	78.4	77.2
한국	**6.3**	**7.5**	**11.5**	**19.6**	**31.1**	**71.5**	**80.1**
네덜란드	14.0	19.5	21.9	30.5	39.5	52.5	55.9
뉴질랜드	16.3	16.8	20.2	25.0	32.2	42.3	51.9
스웨덴	16.8	26.2	29.5	34.8	39.0	42.7	46.5
영국	17.9	25.4	26.8	30.8	35.5	46.4	51.0
미국	14.3	19.1	20.9	24.7	33.1	39.5	45.0
평균	**13.7**	**19.4**	**22.5**	**27.6**	**34.6**	**51.0**	**55.4**

OECD(2016), 《Pension at a Glance 2015》, 159쪽.

의 노인을 부양하는 구조이다.

공적 연금을 적립 방식에서 부과 방식으로 전환한 대표적인 나라가 독일이다. 독일은 1889년 세계 최초로 사회보험 방식의 공적 연금을 도입하고, 적립 방식으로 운영하다 2차 대전 이후 부과 방식으로 전환했다. 독일은 1920년대 극심한 인플레이션을 겪으면서 적립 기금의 실질 가치가 상실되는 사태를 맞았고, 2차 대전을 치르며 적립 기금을 전시 자금으로 전용하면서 기금을 거의 소진했다. 이에 1957년 공적 연금을 대대적으로 개편하며 부과 방식으로 재정 방식을 전환하기로 결정했다. 당시 독일은 노인 부양비가 높지 않았다. 노인 부양비는 16.0명이었고 부과 방식 전환이 완료된 이후 2000년까지 26명대에 머물렀다. 부과 방식으로 전환하는 문턱이 그리 높지 않았던 것이다. 이 과정에서 보험료가 급격히 오르는 것을 막기 위해 1967년까지 10년간 단계적인 전환 과정을 거쳤다. 그 결과 보험료율은 1955년 11%에서 1968년 15%로 13년에 걸쳐 4% 포인트 상향되었다.[16]

미국은 1935년 공적 연금을 도입했다. 처음에는 보험료율이 2%로 매우 낮았으나 점차 수급자가 늘어나면서 올라 1960년 6%에 도달했다. 이후 수급자가 더 늘고 급여도 상향되어 보험료율도 따라 올랐지만 적립 기금이 줄어들어 사실상 부과 방식의 성격이 되었다. 이에 10년간의 전환 과정을 거쳐 1972년 공적 연금의 재정 방식을 부과 방식으로 공식화했다(보험료율은 1962년 6.25%에서 1972년 9.2%로 상향).

캐나다는 반대로 부과 방식에서 적립 방식으로 전환한 경우이다. 1966년 캐나다는 공적 소득 비례 연금CPP을 3.6%의 보험료율로 시작했다. 이후 고령화로 부과 방식 보험료율이 급격히 오를 것으로

---

16 유럽연합의 인구 통계에 따르면 1950년 독일 남자의 평균수명은 64.6세로 2012년 78.6세에 비해 14세 낮았다. European Commission, The 2015 Aging Report, 12쪽.

예상되자 이에 대비하기 위해 1998년 적립금을 준비하는 적립 방식으로 전환했다. 보험료율은 1998년 6.4%에서 2014년 9.9%로 올랐고, 급여율은 2014년 현재 25%이다.[17]

우리나라의 경우를 살펴보자. 우리나라는 노인 부양비의 증가가 무척 빠르다. 1950년 6.3명에 불과했고, 2015년에도 19.6명으로 OECD 국가 가운데 네 번째로 젊은 나라다. 하지만 이후 급속히 치솟아 2050년에는 무려 71.5명으로 일본(78.4명)에 이어 OECD 국가 가운데 2위에 오르고, 2075년에는 80.1명으로 1위에 도달할 전망이다. 그만큼 미래에 노인 부양비가 높아질 수밖에 없고, 이는 미래 세대의 부담이 갑자기 늘어나는 제도로의 전환이 어렵다는 것을 의미한다.

현행 국민연금제도가 그대로 유지된 채 2060년에 부과 방식으로 전환하려면 20%가 넘는 높은 보험료 절벽을 넘어야 한다. 이것이 가능할까? 부과 방식으로의 전환은 '당위'가 아니라 이를 가능케 하는 '조건'이 관건이다. 서구의 공적 연금 재정 구조가 2차 대전 이후 부과 방식으로 전환될 때 보험료율에 결정적 영향을 미친 노인 부양비의 수준은 낮았다. 자본주의의 황금기라고 불리는 전후 경제성장도 우호적인 환경으로 작용했다. 이에 반해 현재 우리나라 국민연금의 보험료율은 지금의 급여율에도 미치지 못하는 상태이고, 2060년에는 노인 부양비가 2015년에 비해 거의 3~4배에 달해 전환을 위한

---

17 독일, 미국, 캐나다의 사례는 김성숙·신승희(2010),《국민연금의 재정 방식과 장기 재정 목표에 관한 연구》(국민연금연구원)를 참조했다.

장벽은 더욱 높아진다.

결국 부과 방식으로의 전환은 이론적으로는 설정 가능하지만 현재의 보험료 수준, 노인 부양비의 전망을 감안할 때 미래 한국에서 사실상 실행하기 어려운 시나리오이다. 전환 시에 발생할 급격한 보험료 인상을 미래 세대가 수용할 것이라는 가정은 현실적이지도 정당하지도 않다. 그때 미래 세대가 책임질 연금 재정이 지금 유럽 국가들이 지출하는 규모와 비슷하므로 감당할 수 있다는 주장도 있지만 특정 세대에서 재정 부담이 갑자기 증가하는 보험료 절벽의 위험을 가볍게 보는 건 곤란하다. 어쩌면 문제는 2060년이 아니라 이 사태를 우려해 그 이전부터 발생할 수도 있다. 지금부터 보험료 절벽이 발생하지 않도록 지속적인 연금 개혁에 나서는 게 현재 세대에 주어진 과제이다.

국민연금
인상론의
한계

이 장부터는 공적 연금을 어떻게 개혁할지, 대안을 이야기할 차례다. 연금제도는 미래의 경제 전망, 고령화 등 많은 변수들에 영향을 받는다. 특정한 개혁 모델을 미리 제시하기 어려운 이유이다. 그래서 연금 개혁은 사회경제적 환경 변화에 맞춰 끊임없이 진행되어야 하는 '연속 개혁'이고, 개혁 모델도 다양한 유형으로 열어놓고 논의하는 것이 바람직하다.

앞에서 살펴보았듯 우리나라에는 공적 연금으로 기초연금, 국민연금이 있고, 법정 사적 연금으로 퇴직연금이 있다. 노후의 소득 보장을 위해서는 이 세 연금이 적절히 조합돼야 한다. 세 연금은 각각 나름의 역할을 가지고 있지만 과제도 안고 있다. 기초연금은 부과 방식 제도여서 연금액을 올리면 곧바로 당해 세대의 재정 책임이 늘어난다. 국민연금은 용돈 연금이라고 비판받지만 급여에 비해 여전히 보험료가 낮고 상위 계층일수록 오히려 실제 혜택을 더 얻는 형평성 문제도 지닌다. 퇴직연금은 적용 대상이 제한적이고 사적 영역에서 관리되며 아직 연금으로서 성숙돼 있지 못하다.

2015년 연금 개혁 공방에서는 국민연금이 중심에 있었다. '공적 연금 강화'의 핵심 내용으로 국민연금의 사각지대 개선과 함께 급여율 인상이 제안되었고, 이를 논의하기 위해 국회에 특별위원회가 구성되었다. 공무원연금 개혁으로 절감한 재정을 국민연금의 사각지대 개선에 사용하자는 데는 이견이 없어 공감대가 마련되었지만 국민연금 급여율 50%에 대해선 뜨거운 논란이 벌어졌다. 이 장에서 국민연금 인상론이 개혁 대안으로 적절한지 살펴보자.

급여율 인상론의 근거 : 용돈 연금론

국민연금의 급여율 인상은 이전부터 참여연대, 민주노총 등 친복지국가 단체들이 주장해온 요구이다. 여러 시민단체가 참여해 2012년 출범한 '국민연금바로세우기국민행동'도 '국민연금 급여율 50%'를 주요 목표로 천명했다. 이 주장은 박근혜 정부의 공무원연금 급여 인하에 맞서 공무원노조가 공무원연금을 깎기보다는 국민연금을 공무원연금 수준으로 상향해야 한다고 주창하면서 더욱 부각되었다. 여기에는 '2007년의 국민연금 급여율 인하'를 조금이라도 원상회복해야 한다는 취지도 담겨 있다.

급여율 50%를 주장하는 논거의 핵심은 용돈 연금론으로 집약된다. 월 소득이 200만 원인 평균 소득자가 2083년 기준 평균 가입 기간인 24년을 가입해도 월 수령액이 48만 원에 불과하다. 이는 2015년 1인 가구 최저생계비인 62만 원에도 못 미치는 금액이다. 이에 급여율을 40%에서 50%로 인상해 평균 국민연금액 48만 원을 60만 원으로 올려 최소한 최저생계비는 확보하자는 제안이다. "소득 대체율 50%는 평균적인 국민이 성실하게 보험료를 납부하면 최저생계비 수준의 연금을 보장해주어야 한다는 철학"에 토대를 두었다는 점도 강조된다.[1]

용돈 연금론의 한계에 대해서는 6장에서 살펴보았다. 가입 기간과 보험료율 수준을 무시하고 연금액이 적은 것을 비판하는 것은 적절하지 않다. 또한 국민연금만을 기준으로 최저생계비와 비교하는 것도 일면적인 접근이다. 우리나라의 공적 연금 수준은 국민연금과 기초연금을 합해 평가해야 한다.

그래도 국민연금의 급여율이 오르면 노후의 공적 소득이 늘어나니 좋은 일이라고 옹호할 수 있다. 하지만 모든 정책은 우선순위를 따져야 하고, 그 성과가 적절한지도 살펴보아야 한다. 급여율 50% 주장은 오히려 국민연금의 세대 간, 세대 내의 형평성 문제를 심화시킬 개연성이 크다는 게 나의 판단이다. 그 이유를 살펴보자.

---

1 공적연금강화국민행동,《공적 연금 강화와 노후 빈곤 해소를 위한 사회적 기구 '3대 요구, 10대 과제' 해설서》(2015년 9월).

세대 간 형평성 : 후세대의 부담 증가

연금은 급여와 보험료의 짝으로 이루어진 제도이다. 연금 개혁 논의에서 보험료에 대한 이야기는 빼고 급여만 주장하는 건 곤란하다. 급여율 인상이 보험료율의 상향과 동반하지 않으면 국민연금의 세대 간 형평성은 후퇴할 수밖에 없다.

현재 국민연금 모형에서 보험료율 9%는 급여율 40%에 크게 미치지 못하는 수준이다. 이러한 상황에서 급여율 50%론이 등장했다. 당연히 보험료 인상의 필요성이 제기되었고, 정치권은 보험료율에 대한 공방을 벌였다. 박근혜 정부는 '국민연금 50% 급여율'을 위해서는 보험료를 2배로 올려야 한다고 주장했고, 야당인 새정치민주연합은 1% 포인트만 더 내면 된다고 제안했다.

상식적으로 일반 시민들은 두 주장 모두 이해하기 어렵다. 지금보다 4분의 1을 더 받으면서 2배의 보험료를 내야 한다는 정부의 논리도 용납하기 어렵고, 미래의 연금 재정이 어렵다는데 1% 인상만으로 50% 급여율이 가능하다는 야당의 주장도 수긍하기 힘들다. 사람들은 보험료율 인상 폭이 1%와 2배 사이 어디일 거라고 생각하는데, 두 주장은 양극단의 수치를 동원했다.

박근혜 정부의 주장은 50% 급여율에 조응하는 수지 균형 필요 보험료율이 약 18% 안팎이라는 재정 추계 결과에 근거한다. 하지만 이는 미래의 재정 추계가 그렇다는 것이지 우리가 지금 정책적으로 선택 가능한 보험료율이 그렇다는 것은 아니다. 지금까지 세 차례의 재정 추계 작업을 거치면서 이 수치가 제도 개선 방안으로 거론조차

국민연금 인상론 홍보물

삐끔~
지금보다 보험료율을
1.01%만 올리면 OK

현재 보험료율
9%
2060년 기금소진

1.01%

소득대체율 50%
되기 위한 보험료율
10.01%
2060년 기금소진

참여연대, 〈국민연금 소득 대체율 50%? 좋은 거야 나쁜 거야, 되는 거야 안 되는 거야〉(2015년 5월).

되지 않았던 이유이다. 이 의미를 누구보다 잘 알고 있을 청와대와 보건복지부가 보험료 2배 인상을 꺼내든 건 적절한 대응이 아니다.

반면 급여율 인상을 지지하는 쪽은 보험료율을 현행 9%에서 10%로 1% 포인트만 인상하면 된다고 설명한다. 위의 홍보물에서 보듯이 급여율을 50%로 인상하는 데 "보험료율을 1%만 올리면 OK"라는 인식이다. 급여율만 50%로 올리면 기금 소진 시점이 2056년으로 앞당겨지는데, 보험료율을 1% 포인트 올리면 다시 2060년으로 되돌아간다. 기금 소진 시점의 변화가 없으니 급여율 50%와 보험료율 10%가 하나의 짝으로 가능하다는 논리다.

언뜻 그럴듯하게 들린다. 하지만 이 주장은 재정 추계 결과에 대한 부적절한 해석에서 출발한다. 〈도표 42〉에서 보듯이 이러한 셈법이면 급여율 40%를 60%로 인상하면서 보험료율은 9%에서 11%로 2% 포인트만 올리면 된다. 이 경우에도 기금 소진 연도에는 변화가 없다.

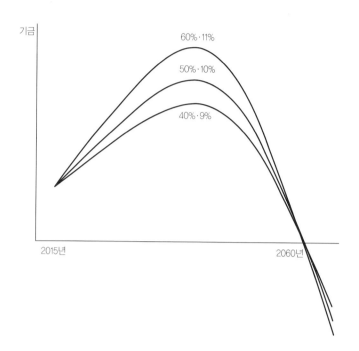

〈도표 42〉급여율·보험료율 조합별 기금 곡선

기금

60%·11%

50%·10%

40%·9%

2015년   2060년

　왜 급여율 인상에 비해 보험료율 인상 폭이 작은데도 기금 소진 연도에는 변화가 없을까? 보험료의 수입과 급여 지출이 연금 재정에 미치는 시차 때문이다. 보험료의 인상 효과는 바로 발생하지만 연금 지급은 나중에 이루어진다. 국민연금 50%·10% 모형은 2060년 기금 소진 시점에는 변화를 주진 않지만 그 이후에 부정적 영향을 미친다. 급여율은 올랐는데 보험료율 인상이 지체되면 후세대로 미루는 재정 몫이 더 증가하고, 2060년 이후 필요 보험료의 수준은 더욱 가파르게 올라 '보험료 절벽' 문제는 더 심각해질 것이다. 전반전엔 가입자였던 사람들이 후반전에 수급자로 자리를 바꾸기에, 경기 전

체 시간을 평가해야 하건만 중간 일정 시점까지만 지켜보고 '괜찮다'고 진단을 내리는 격이다.

재정 추계 작업에서 도출된 '2060년 기금 소진'은 국민연금의 미래 재정을 진단한 결과이지 결코 이 상태가 적절하다는 의미가 아니다. 2060년에 기금이 소진되니 지금부터 대책을 모색해야 한다는 경고의 메시지다. 1%만 올리면 기금 소진 시점 2060년에 변화가 없으니 가능한 정책적 선택이라는 주장은 재정 추계 결과를 반대로 해석해 환자의 상태를 더욱 악화시키는 처방이다.

결국 '50% 급여율, 1% 보험료율 인상' 주장은 세대 간의 재정 책임의 격차를 더욱 크게 한다. 급여율을 올리면서 그에 합당한 보험료율이 동반되지 않으면 어느 시점에서 후세대의 연금 재정 부담은 급증하게 된다. 만약 재정 추계 전망대로 2060년에 기금이 소진되면 이때부터는 미래 세대가 연금 지출의 전액을 책임져야 한다. 추계 결과에 의하면 현행 40% 급여율을 유지할 경우 2060년에 필요한 보험료율은 21.4%, 2083년에는 23.0%로 예상된다. 한발 더 나아가 50%로 급여율이 오르면 기금 소진 시점은 동일하더라도 급여액이 많아지므로 필요 보험료율은 2060년 25.3%, 2083년에는 28.4%로 더 오르게 된다.

국민연금 인상을 주장하는 사람들은 미래 세대가 이를 감당할 경제력을 지닐 것이고, 선진국은 현재 그만한 연금 지출을 소화하고 있으므로 미래 세대도 이 지출을 감당할 수 있다고 설명한다. 그러나 미래 세대가 경제력을 가졌다는 것과 그들이 급격한 보험료율 인상을 수용하는 것은 별개의 문제다. 세대 간의 재정 책임이 점진적으로 증가하는 연착륙 이행 경로를 제시하지 않은 채 미래의 경제력만을 이야기하는 것은 안이하다. 후세대가 급격한 재정 부담을 받아들일 것이라고 기대하는 것은 정책 결정에서 위험한 가정이다.[2]

현재의 40% 급여율 모형에서도 보험료율은 급여에 미치지 못한다. 이런 상황에서 '50% 급여율, 10% 보험료율' 패키지는 국민연금의 수지 불균형을 더욱 심화시킬 것이다. 재정 추계 결과에 따르면 급여율 50%에 조응하는 필요 보험료율은 약 17~19%이다. 지금 당장 이 수준으로 보험료율을 올릴 수는 없지만 급여율 인상을 주장하려면 보험료율에 대한 책임 있는 논의가 수반돼야 한다.[3]

〈도표 43〉 재정 목표별 필요 보험료율(%)

재정 목표 급여율	적립 배율 2배	적립 배율 5배	수지 적자 미발생	일정한 적립 배율 유지
40%	12.9	13.5	14.1	15.9
50%	15.1	15.8	16.7	18.9

보건복지부 보도자료(2015년 5월 4일)를 참고해 필자가 재구성.

---

2 국민연금 논의에서 보통 미래 세대로 청년들이 호명된다. 앞으로 한국이 고령사회로 진입함에 따라 현재 20대의 연금 재정 부담은 늘어날 개연성이 크다. 그런데 현행 국민연금제도가 그대로 유지되어 2060년에 기금이 소진된다고 가정한다면, 지금 20대는 '미래 세대'보다는 '현재 세대'에 속한다. 2060년 전후에 지금 청년들 역시 연금을 받는 수급자이기 때문이다. 이 경우 연금 재정을 책임져야 할 진짜 미래 세대는 지금 미성년에 있는 청소년들, 아직 태어나지 않은 아이들이다.

3 '17~19%' 필요 보험료율은 3장에서 살펴본 네 가지 재정 목표 가운데 '수지 적자 미발생' 16.7%와 '일정한 적립 배율 유지' 18.9%에 따른 수치이다. 엄격히 따지면 완전한 재정 균형을 위한 필요 보험료율은 '일정한 적립 배율 유지'를 기준으로 보는 게 적합하다. 국민연금은 납부와 급여의 장기 시차가 존재하므로 특정 시점에서의 적자 미발생이 완전한 재정 균형을 의미하는 건 아니다.

만약 현행 보험료율의 부족분을 논외로 두고 급여율을 40%에서 50%로 10% 포인트 올리는 데 필요한 보험료율은 얼마나 될까? 보통 연금 수리적으로 급여율 10%에 해당하는 보험료율은 3.5~4.0%이다. 결국 보험료율 1% 인상은 추가 급여율 인상에 수반돼야 할 최소한의 보험료율 인상 폭에도 현격히 못 미치는 방안이다.

한편 보험료율 인상은 국민연금기금이 정점을 찍는 2030~2040년대 즈음부터 진행하면 된다는 주장도 있다. 이때부터 기금 축소에 대응하면서 점진적으로 부과 방식으로의 전환을 추진하자는 취지로 읽힌다. 논리적으로는 가능한 설계도이다. 그런데 왜 현재 세대는 그때까지 낮은 보험료율을 누려야 하는지, 보험료율 인상 시기가 지연되는 만큼 이후 보험료 인상 폭이 커져야 한다는 비판에서 자유롭지 않다.

6장에서 지적했듯이 현재 세대의 이중 부담론을 근거로 보험료 인상에 소극적인 입장을 옹호하는 것도 설득력이 약하다. 공적 연금을 도입한 초기 세대는 이미 낮은 보험료율의 보상을 받았고, 이후 연금 수급자가 늘어날 예정이므로 설령 이중 부담론에 따르더라도 지속적으로 급여와 보험료의 불균형을 개선하는 작업이 필요하다. 실제로 국민연금 개혁은 그런 방향으로 진행돼왔다. 급여율을 50%로 인상하자면서도 추가 급여율 인상에 필요한 보험료율마저 회피하는 것은 지금까지 걸어온 연금 개혁의 길에서 일탈하는 것과 같다.

세대 내 형평성 : 급여율 인상의 계층별 격차

그래도 국민연금의 급여율 인상은 노후를 대비하는 사람들에게 도움을 줄 것이라는 주장이 가능하다. 노인의 절반이 빈곤 상태에 있기에 국민연금을 올려야 한다는 논리도 동원된다. 물론 국민연금의 인상은 노인 소득을 늘린다. 여기서 관건은 어느 계층에게 도움이 되느냐에 있다. 국민연금의 급여율 인상은 세대 내 계층 간의 형평성에 어떠한 영향을 미칠까?

우선 급여율 인상이 지금의 노인 빈곤 개선에 아무런 효과를 주지 못한다는 점을 확인하자. OECD가 제시한 2012년경 회원국들의 평균 노인 빈곤율은 12.4%이다. 그에 반해 한국은 2014년 기준으로 48.8%, 거의 4배에 달한다. 회원국 가운데 명예롭지 못한 1위이다.[4] 이러한 현실에서 연금 개혁은 빈곤 노인에 도움이 되는 방향에서 진행될수록 바람직하다. 그런데 국민연금의 급여율 인상은 현재 보험료를 내고 있는 가입자들이 은퇴 후 받을 연금액에 영향을 미칠 뿐 이미 은퇴한 현재 빈곤 노인에게는 아무런 영향도 주지 못한다.

급여율 인상이 미래의 노인 모두에게 혜택을 주는 것도 아니다. 2장에서 살펴보았듯이 현재 성인 인구 가운데 절반이 국민연금 바깥에 있다. 국민연금의 재정 추계 결과를 보면 2015년 기준으로 65세 이

---

4 통계청의 고령자 통계에 의하면 우리나라 전체 인구의 빈곤율은 2006년 14.3%에서 2013년 14.6%로 엇비슷하나 노인의 빈곤율은 같은 기간 42.8%에서 48.1%로 5.3% 포인트 증가했다. 이는 전체 국민 가운데 노인의 빈곤 상태가 악화돼왔음을 보여준다. 통계청(2014), 〈2014년 고령자 통계〉. 한국 노인의 자산 실태를 감안해 더 정교하게 빈곤율을 계산해야 한다는 지적도 있지만 이를 반영하더라도 노인 빈곤은 심각한 상황에 있다.

상의 노인 가운데 국민연금에서 장애연금이나 유족연금을 제외하고 노령연금을 받는 사람은 31%에 불과하며, 2050년에도 68.4%에 머문다. 광범위한 사각지대 앞에서 국민연금 인상의 효과는 반감될 수밖에 없다.

특히 미래에 국민연금을 받을 사람들에서도 혜택이 동일하지 않다. 국민연금은 소득, 가입 기간과 연동하므로 상위 계층일수록 연금액이 많다. 불안정 노동자, 저소득 가입자들은 임금이 낮고 가입 기간이 짧아 연금 수령액도 적다. 따라서 급여율 인상에 따른 연금액의 증가 폭은 중상위 계층일수록 크다. 이를 구체적 수치로 확인해보자.

〈도표 44〉는 2015년에 국민연금에 가입한 사람이 은퇴 이후 받을 연금액을 소득, 가입 기간별로 계산한 결과이다. 상단 금액은 현행 제도에서의 예상 연금액이고, 하단 금액은 급여율 인상에 따른 증가액이다. 급여율을 40%에서 50%로 4분의 1만큼 올린 것이기에 가입자별 연금액도 그만큼 늘어난다. 모든 가입자가 40년을 가입했다고 가정하면 최하위 소득자는 현행 27만 원에서 6.8만 원 늘고, 평균 소득에 근접하는 200만 원 소득자는 현행 83.2만 원에서 20.8만 원이 는다. 최상위 소득자는 현행 128.6만 원에서 32.2만 원이 증가한다. 연금액의 계층별 격차가 인상액에도 그대로 이어진다.

위에서 살펴본 인상액은 40년 가입을 기준으로 계산한 수치이다. 실제 가입 기간을 감안하면 인상액의 격차는 더 커진다. 하위 소득자일수록 가입 기간이 짧아 애초 연금액이 적기 때문이다. 실제 가입 기간을 고려하면 연금액의 변화는 진하게 숫자를 표기한 영역에서 진행될 것으로 추정된다. 예를 들어 50만 원 소득자는 15년 가

〈도표 44〉 현행 연금액과 50% 상향 시 인상액(만 원)

기준	소득	가입 기간						
		10년	15년	20년	25년	30년	35년	40년
현행 제도의 연금액	27	12.8	18.7	24.5	27.0	27.0	27.0	27.0
	50	14.1	20.5	26.9	33.3	39.6	46.0	50.0
	100	16.8	24.6	32.2	39.8	47.4	55.0	62.6
	200	22.4	32.6	42.7	52.9	63.0	73.1	83.2
	300	27.9	40.7	53.3	65.9	78.5	91.2	103.8
	421	34.6	50.4	66.1	81.7	97.3	113.0	128.6
50% 급여율의 증가액	27	3.2	4.7	6.1	6.8	6.8	6.8	6.8
	50	3.5	5.1	6.7	8.3	9.9	11.5	12.5
	100	4.2	6.1	8.0	9.9	11.9	13.8	15.7
	200	5.6	8.2	10.7	13.2	15.7	18.3	20.8
	300	7.0	10.2	13.3	16.5	19.6	22.8	25.9
	421	8.6	12.6	16.5	20.4	24.3	28.2	32.2

국민연금공단 2015년 예산 연금액표를 토대로 계산. 가입자의 평균 소득 204만 원. 2015년 가입자 기준.

입해 5.1만 원이 오르고, 200만 원 소득자는 20년 가입해 10.7만 원, 421만 원 소득자는 30년 가입해 24.3만 원이 오를 수 있다.

정리하면, 국민연금의 급여율 인상은 현재 세대 내의 계층별 형 평성 문제를 심화시킨다. 우선 현재 가입자의 경우 미래 연금액은 오르지만 기존의 계층별 격차를 확대한다. 상위 계층일수록 소득이 높고 가입 기간이 길어 연금액도 많기에 급여율 상향에 따른 인상액도 많다. 현재의 보험료율 수준에선 인상액에 포함된 순 이전액도 가입 기간이 긴 상위 계층이 더 많이 얻는다. 또한 현재 국민연금에 가입하지 못한 사각지대의 계층은 국민연금의 급여율이 오른다 해도 아무런 혜택을 얻지 못한다. 가입자들은 그나마 미래 세대의 재정 책임을 담보로 연금액이 늘지만 어려운 처지에 있는 불안정 계층은 여기서도 제외되는 것이다. 결국 2015년 연금 논의에서 야당과 시민단체들이 내세운 '국민연금 50% 급여율' 제안은 현재 빈곤에 허덕이는 노인들과 미래의 사각지대 노인에게는 아무런 도움이 되지 못하고, 가입자 중에서도 상위 계층이 혜택을 더 얻는 방안이다. 이 주장이 과연 적합한 공적 연금 강화 방안인지 의문이 제기되는 이유다.

2060년 기금 소진 전망은 '경고' 신호

2015년 공무원연금 개혁 논란을 통해 공무원연금을 인하하기보다는 국민연금을 상향해야 한다는 여론이 생겼고, 이를 논의하기 위해 국회에 연금특위가 구성되었다. 그런데 별다른 활동 없이 무기력하게 종료되었다. 국민연금, 기초연금 등 연금 전반을 논의하기에 부여받은 5개월은 턱없이 부족한 기간이건만 3개월이 지나서야 특위 위원을 확정했고, 이후에도 별다른 논의 없이 맥없이 시간만 보내다 종료된 것이다.

일이 이렇게 된 데에는 국민연금 50%론의 논리적 취약성도 작용했다는 게 나의 판단이다. 국민연금의 재정은 급여와 보험료의 짝으로 이루어져 있건만 이 단순한 산수를 무시하고 '급여율 50%, 보험료율 1% 인상론'이 등장했다. 이는 국민연금의 재정 추계 작업을 제대로 이해하지 못했거나 미래 세대의 부담을 간과한 주장이다. 국민연금은 원하는 대로 주문이 실현되는 요술 램프가 아니다. 이 주장은 정치적 공방에선 그럭저럭 여론에 호응하는 카드였을지 모르지만 막상 중대한 의사 결정을 하려니 논리가 궁색해질 수밖에 없었다. 이러한 방식의 활동은 명분은 공적 연금을 위한 활동이라지만 연금 개혁의 진로를 개척하는 데 무기력해 의도와 다르게 오히려 공적 연금을 향한 불신을 부추길 수 있다. 우리나라처럼 노동시장이 불안정하고 연금 격차가 존재하는 조건에서, 심지어 급여율 상향에 따른 보험료율의 인상 논의를 동반하지 않는 제안은 전향적 개혁안으로 보기 힘들다.

2060년 기금 소진 전망을 무겁게 받아들여야 한다. 이는 그때까지 국민연금이 괜찮다는 안전 신호가 아니다. 그때 심각한 문제가 발생하므로 지금부터 대비하라는 경고 신호다. 신호의 의미를 반대로 해석하는 것은 위험한 일이다. 이러한 경고 메시지를 가볍게 여길수록 이후 특정 시기부터 보험료를 급격히 인상해야 하는 '절벽'이 발생한다. 이는 미래 세대가 그만한 경제적 능력이 있을 거라는 기대와는 별개의 문제이다. 급격한 보험료율 인상의 수용 여부를 두고 세대 간의 갈등이 커지고, 공적 연금의 뿌리도 약화될 수 있다. 연금의 세대별 지속 가능성을 모색하려면 현재 세대가 자신의 책임 몫을 분명히 정하고 실천하는 노력이 필요하다.

내가 만드는
공적 연금

8장

이제 이 책의 목적지 앞에 도달했다. 다른 나라에서도 그렇듯 연금 개혁은 참으로 어려운 과제이다. 미래를 다루는 일이기에 어느 방안이 반드시 적합하다고 미리 확언하기 어렵다. 다만 공적 연금의 강화라는 목표에 공감하는 사람들이 '열린 토론'을 벌이자는 취지에서 내가 생각하는 개혁 대안을 제안하겠다.

기초연금 중심의 연금 개혁

한국에서 장수는 더 이상 축복으로 여겨지지 않는다. 힘겨운 노후가 예상되기에 어느 때보다 공적 연금에 대한 관심이 높다. 현재 국민연금의 수령액이 많지 않으니 당연히 국민연금 급여율의 인상 이야기도 나온다. 그럼에도 지금까지 살펴보았듯이 국민연금의 개혁을 다룰 때는 반드시 세대 간 지속 가능성과 세대 내 계층별 형평성을 고려해야 한다.

1988년 국민연금이 도입될 당시만 해도 일반 국민에게 적용되던 법정 연금은 국민연금 하나였다. 이제는 새로 생긴 연금들이 있다. 2008년 국민연금 급여율의 5%에 해당하는 기초노령연금이 도입되었고, 2014년부터는 기초연금으로 이름이 바뀌면서 금액이 두 배로 올랐다. 아직은 성숙되지 않았지만 퇴직연금도 존재한다. 따라서 한국의 연금 체계 개혁을 논의할 때는 법정 3층 체계를 어떻게 재구조화할지를 다루어야 한다.

우리나라의 연금 급여율은 다층 체계의 관점에서 그렇게 낮은 수준이 아니다. 법정 명목 급여율을 보면 40년 가입 기준으로 국민연금은 40%, 퇴직연금은 약 20%이다. 현재 기초연금은 가입 기간과 무관하게 약 10%의 급여율을 제공한다. 세 연금을 합하면 의무적 연금의 명목 급여율이 70%에 이른다. 명목 급여율의 합이 70%라면 이후 추가로 급여율을 상향하는 일이 만만한 과제가 아니다. 이런 상황에서 '모두 올리면 좋다'는 식의 이야기는 안이하다. 연금 개혁의 우선순위를 명확히 설정해야만 실질적인 공적 연금 강화의 경로가 개척되고 사회적 공감대도 넓어질 수 있다.

세 연금의 조합은 여러 유형으로 제시될 수 있다. 전통적으로 친복지국가 경향의 다수의 시민단체들은 국민연금을 중심에 둔 개혁모델을 주창해왔다. 물론 가능한 대안이다. 단 서구의 공적 연금처럼 대다수의 국민들이 국민연금에 가입하고, 보험료도 급여 수준만큼 내고 있다면 말이다.

한국에서 국민연금 중심의 연금 강화론이 얼마나 효과적일까? 앞으로 노동시장의 불안정이 해소될 수 있을까? 국민연금은 지금도 보험료율이 낮은데 급여율을 올린다면 수지 균형만큼 보험료율을 조정할 수 있을까? 안타깝게도 전망은 어둡다. 한국의 국민연금은 서구와 달리 광범위한 사각지대, 급여율에 미치지 못하는 보험료율로 인한 세대 간, 세대 내의 형평성 문제를 안고 있다. 퇴직연금 역시 1년 이상 고용된 상시 노동자에게만 적용되는 제도이고 아직 연금으로 성숙돼 있지 못하다.

그래서 나는 고용 불안 시대에 연금의 사각지대에 대응하고, 국민연금의 계층 간 형평성을 개선하며, 미래 연금 재정의 지속 가능성을 확보하는 방안으로 기초연금 중심의 연금 개혁에 주목한다. 기초연금은 어느 연금보다 월등한 강점을 가진 제도이다. 기초연금은 국민연금의 가입 여부를 따지지 않기에 사각지대 문제를 해결할 수 있다. 이후 국민연금 가입자들도 가입 기간에 영향을 받지 않고 급여를 받을 수 있도록 설계할 수 있다. 또한 필요 재정을 그때그때 마련하는 부과 방식 제도이기에 노인 수, 급여율에 맞춰 연도별로 재정을 늘리는 연착륙을 가능하게 한다. 적립금을 쌓지 않아 기금 운용에 대한 부담도 가지지 않는다.

물론 기초연금 강화론에 대해서도 우려가 존재한다. 무엇보다, 미래의 재정 소요액이 크다는 지적이다. 국가재정의 건전성을 중시하는 학자들은 기초연금은 미래 재정에 부담이 크므로 지금부터 대상과 금액을 줄여가야 한다고 주장한다. 2014년 기초연금의 도입 과정에서 갑자기 물가 연동 방식이 들어온 배경도 이러한 논리가 개입되었기 때문이다. 나아가 향후 국민연금의 수급자가 늘어남에 따라 기초연금을 저소득 계층 노인에게만 적용하는 공공 부조로 재편하겠다는 구상도 공공연하게 드러낸다.

초고령 시대에 기초연금의 재정 규모가 큰 것은 사실이다. 미래의 노인 인구수를 감안하면 중하위 계층 노인에게 기초연금을 집중하는 방식도 논의할 수 있다. 그럼에도 나는 기초연금을 대다수의 노인을 위한 보편적 수당으로 강화하자고 제안한다. 지난 2010년 대한민국에 불어온 시대정신은 "함께 살자, 대한민국!"이다. 보편주의의 원리에 따라 복지를 권리로 인식하고, 이 권리에 기초해 사회 구성원들이 자신의 역할을 다하자는 제안이다. 보편주의의 원리에선 상위 계층 아이, 노인에게도 복지를 제공하고, 그 가구에 소득 능력에 따라 조세 책임을 요구한다. 대한민국이 풀어야 하는 또 하나의 난제인 증세를 풀기 위해서도 기초연금이 모두의 권리로 인정되는 보편 복지로 자리 잡을 필요가 있다. 이것이 유럽 복지국가에서 검증된 '강한 복지, 강한 재정'의 원리이고, 보편 복지의 방식에서 재정이 커진다면 사회적 재분배 효과도 더 크게 나타날 수 있다.

또 하나의 비판은 기초연금 강화론이 오히려 빈곤 계층의 노인에 치중하는 자유주의 복지 체제 노선이라는 지적이다. 한국이 보편적 복지국가로 가려면 중간 계층의 이해를 담은 국민연금의 급여율을 함께 올려야 하는데 이에 반한다는 비판이다. 이러한 주장은 "서구에서 기초연금의 도입은 보편적 시민권의 확대라는 점에서 취약 계층을 사회적으로 통합하는 진보적 의미가 있었으나 복지국가의 중산층 포섭이라는 점에서 한계를 드러냈다"는 판단에 기초한다.[1]

　나는 기초연금의 강화가 중간 계층의 이해에 반하는 정책이라고 생각하지 않는다. 현재 한국에서 계층적으로 중간 지위에 있는 시민일지라도 자신의 직장과 노후 걱정이 크고, 자식들의 미래는 더욱 어둡다. 이에 하향 계층 이동을 우려하는 현 중간 계층에게 기초연금은 의미 있는 노후 보장 소득으로 다가갈 수 있다. 2012년 대선에서 여야가 모두 기초연금의 2배 인상을 내걸고 대부분의 국민들이 이를 당연한 개혁으로 받아들인 이유다. 서구 복지국가의 형성 과정이 그랬듯이 한국의 복지국가 운동에서도 중간 계층과의 동맹 정치는 중요하다. 기초연금은 단지 빈곤층을 향한 복지가 아니다. '불안'한 중간 계층과 소통할 수 있는 핵심 의제가 될 수 있다.[2]

외국의 기초연금 중심 유형

　기초연금은 여러 나라에서 공적 연금의 주요한 축으로 운영되고

---

1 김연명(2015), 〈국민연금 명목소득 대체율 50% 쟁점에 대한 비판적 고찰〉,《비판사회정책》 제49호, 103~106쪽.
2 100세시대연구소가 흥미로운 조사 결과를 발표했다. 2015년 11월 실시한 조사에서 우리나라의 중간 계층 대부분이 자신을 빈곤층이라고 여긴다는 내용이다. 평균 소득 50~150% 구간에 속하는 사람들이면 OECD의 임금 계층 구분에서도 중간층으로 분류되는데, 이들의 79%가 자신을 빈곤층으로 여겼다. 이들의 생활이 실제로 어렵고, 특히 자신과 자식의 미래에 대해 모두 '불안'해한다는 의미이다. NH투자증권 100세시대연구소(2016),《2016년 대한민국 중산층 보고서》.

있다. 5장에서 보았듯이 OECD의 연금 분류에서 노인을 위한 기초 보장 연금 제도는 다수의 노인에게 일정액을 수당 형식으로 제공하는 '기초연금', 다른 연금 소득의 부족분을 보충해주는 '최저 연금', 빈곤 노인에게만 제공하는 '사회부조' 등 다양하다. OECD 연금 보고서에 의하면 34개 회원국 가운데 '기초연금'의 유형을 운영하는 나라는 18개국이다.[3]

〈도표 45〉는 기초연금을 운영하는 18개국의 급여율을 보여준다. 회색 막대는 거주를 조건으로 하는 기초연금, 검은색 막대는 기여를 조건으로 하는 기초연금이다. 이 나라들의 평균 기초연금 급여율은 법정 거주 기간이나 기여 기간을 모두 채운 완전 기초연금의 경우 상시 노동자의 평균 소득 대비 20.1%이다. 우리나라의 기초연금 20만 원은 국민연금 가입자의 평균 소득 대비 10%지만 OECD 기준 상시 노동자의 평균 소득(월 약 330만 원)으로 계산하면 약 6%이다. 외국의 기초연금 급여율이 상당한 높은 수준임을 알 수 있다.

기초연금의 급여율이 가장 높은 나라는 뉴질랜드로 40.1%이다. 이어 그리스, 네덜란드가 20%대, 덴마크, 영국, 일본, 캐나다 등이 10%대, 아이슬란드가 가장 낮은 6%이다. 물론 기초연금액의 산정

---

3 한국의 기초연금은 OECD의 분류에서 기초연금의 유형으로 인정받지 못하고 사회부조 유형으로 다루어진다. 나라마다 기초연금의 설계도가 복잡해 유형화하는 데 어려움이 따른다. 스웨덴, 노르웨이, 핀란드 등 북구 유럽 국가의 기초연금은 거주를 조건으로 소득과 연계된 보충 급여의 성격을 지닌다. 2013년 OECD 연금 보고서에서는 최저 연금의 유형으로 소개되었는데, 2015년 보고서에서는 기초연금의 유형으로 분류하고 있다. 5장에서 지적했듯이 OECD의 연금 유형과 급여율 수치들은 전반적인 추이를 이해하는 참고용 자료로 활용하는 게 적절하다.

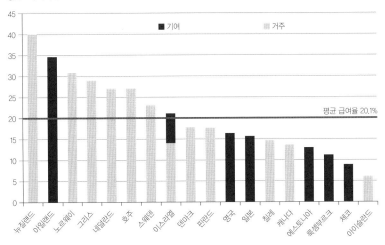

〈도표 45〉 OECD 18개국의 기초연금 급여율(2014년)

평균 소득 대비 %

평균 급여율 20.1%

■ 기여   ■ 거주

OECD(2016), 《Pension at a Glance 2015》, 51쪽.

에서 주거 기간, 가입 기간 등을 따지기에 모든 노인에게 동일한 급여율이 적용되는 것은 아니다. 뉴질랜드와 호주의 경우는 10년 이상 거주하면 모두에게 완전 급여율이 적용되지만 노르웨이, 덴마크, 캐나다, 네덜란드 등은 40년 혹은 50년을 기준으로 거주 기간에 따라 감액되는 방식을 취한다.

　기초연금이 중요한 역할을 하는 대표적인 나라들의 연금 체계를 살펴보자. 이때 연금 체계는 기초연금만 존재하는 단층형과 기초연금에 추가로 보충 연금이 존재하는 복층형으로 구분할 수 있다. 〈도표 46〉에서 보듯이 단층형에 속하는 대표적인 나라로는 뉴질랜드, 네덜란드, 복층형에 속하는 나라로는 덴마크, 캐나다가 있다.[4]

　우선 단층형인 뉴질랜드, 네덜란드를 살펴보자. 뉴질랜드는 세계

유형	기초연금의 구성	나라	기초연금 급여율	재원	의무적 연금			
					1층		2층	
					기초연금	보충 연금	비례 연금	퇴직연금
단층형	기초연금 단일 체계	뉴질랜드	40.1	조세	○			
		네덜란드	27.1	보험료	○			○
복층형	기초연금 + 보충 연금	덴마크	17.8	조세	○	○		○
		캐나다	13.7	조세	○	○	○	

OECD(2016), 《Pensions at a glance 2015》. 급여율은 상시 노동자의 평균 소득 기준.

에서 가장 높은 급여율의 기초연금을 제공하는 나라다. 일찍이 1898
년에 기초연금이 도입되었고, 1938년 현재와 같은 보편적 노인 수당
으로 자리 잡았다. 급여율은 상시 노동자의 평균 소득 대비 40.1%이
고, 재원은 일반 세금이다. 우리나라의 기초연금액이 상시 노동자의
평균 소득 대비 약 6%이므로 뉴질랜드의 기초연금 급여율은 우리나
라의 거의 7배, 우리나라 기준 금액으로 월 140만 원에 육박한다.

　기초연금의 수급 연령은 기존에는 60세였으나 노인 수가 늘어
나자 1993~2001년에 걸쳐 65세로 상향 조정되었다. 현재 기초연금
은 65세 이상 노인이면서 20세 이후 10년 이상 그리고 50세 이후 5
년 이상 뉴질랜드에 거주한 사람에게 지급된다. 지급 요건은 소득 수

---

4 연금 체계를 단층형과 복층형으로 구분하는 방식은 이용하·최옥금·최인덕(2015)의 《노인
　기초보장제도와 국민연금간 역할분담관계에 관한 연구》(국민연금연구원), 나라별 기초연
　금에 관한 정보는 OECD(2016), 《Pension at a Glance 2015》, 각국 홈페이지 등을 참고했다.

준, 자산을 따지지 않으며 거주 기간 요건만 충족하면 모두에게 동일하게 제공하는 '감액 없는' 기초연금이다. 단 부부가 모두 받을 경우에는 단독 노인 대비 1.5배만 받는다.

뉴질랜드에는 서구 나라에 일반적으로 존재하는 소득 비례 성격의 공적 연금은 없다. 사적 연금인 퇴직연금은 2007년부터 노동자가 자동 가입해야 하지만 취업 초기에 탈퇴할 수 있는 권리도 있어 OECD 분류에서는 의무적 연금으로 인정되지 않는다. 결국 뉴질랜드의 의무적 연금은 기초연금이 유일하다.

네덜란드에서는 1957년 기초연금이 보편적 수당 형식으로 자리잡았다. 급여율은 최저 임금과 연동해 정해지는데 2014년 기준 27.1%로 상당히 높다. 근로 활동이나 자영업에 종사하는 사람이면 누구나 기초연금 목적의 보험료로 소득의 17.9%를 본인이 전액 납부한다. 이때 기초연금의 급여는 보험료 수준과 무관하게 거주 기간을 기준으로 모든 노인에게 지급되기에 노후 기초 보장과 함께 소득 재분배가 구현된다. 대신 보험료가 너무 높아지는 계층을 감안해 소득 상한선을 두고 있다. 기초연금액은 50년 거주 기간을 기준으로 1년 단위로 2%씩 감액한다. 수급 연령은 현재 65세이지만 2021년 67세, 2024년부터는 기대 여명과 연동될 예정이다.

뉴질랜드와 마찬가지로 네덜란드에도 공적 소득 비례 연금은 없다. 대신 산업별 노사 협약에 의해 가입하게 되는 사적 퇴직연금이 존재한다. 2014년 기준으로 노동자의 91%가 퇴직연금에 가입돼 있다. 보험료율은 평균 16%로 보통 사용자가 3분의 2, 노동자가 3분의 1을 기여하며, 급여율도 63.4%로 매우 높다. 기초연금과 퇴직연금을 합하면 네덜란드의 의무적 연금의 총 급여율은 90.5%로 OECD 회원국 가운데 가장 높다. 그런데 이 급여율은 형식적 최고 수치이다. 네덜란드에서 기초연금과 퇴직연금은 통합 운영돼 70% 급여율 범위에서 기초연금만큼 퇴직연금이 줄어든다.

두 나라의 공통 특징은 기초연금의 급여율이 높다는 것이다. 공적 비례 연금이 없어 기초연금의 급여율이 그대로 공적 연금의 급여율이 된다. OECD의 공적 연금 평균 급여율 41.3%와 비교하면 뉴질랜드는 비슷하고 네덜란드는 낮아 보인다. 하지만 급여율 수치만 단순 비교하면 기초연금의 강점을 놓칠 수 있다. OECD의 연금 체계에서 급여율은 단신 가구를 기준으로 계산한 것이어서 노인 부부의 기준으로 보면 기초연금의 급여율 효과는 훨씬 크다.

기초연금 중심의 또 다른 연금 체계 유형은 기초연금과 함께 하위 계층 노인들에게 추가로 보충 연금을 지급하는 복층형이다. 보편적 노인 수당으로 기초연금이 존재하지만 기초연금만으로 생활이 어려운 노인에게는 사회부조형 보충 연금을 지급하는 것이다. 복층형의 대표적인 나라로는 덴마크, 캐나다가 있다.

덴마크는 1956년 시민권에 바탕을 둔 보편적 기초연금을 도입했다. 40년을 거주하면 완전 기초연금을 제공한다. 2014년 기준으로 급여율은 17.8%, 재원은 일반 조세다. 기초연금을 받을 수 있는 연령은 65세나 2027년까지 67세로 상향될 예정이다. 기초연금은 모든 노인을 대상으로 하지만 노인의 근로소득이 노동자 평균 소득의 약 75%를 넘을 경우 초과액의 30%에 상응하는 기초연금액이 감액된다. 이러한 방식에 따를 경우 노동자 평균 소득의 약 1.3배가 넘는 노인은 사실상 기초연금을 받지 못하지만 그런 경우가 많지 않아 대부분의 노인이 기초연금을 받는다.

덴마크에서는 기초연금과 별도로 하위 계층 노인에게 보충 연금을 제공한다. 2014년 보충 연금의 급여율은 평균 소득 대비 3/4 분위 노인에겐 9.3%, 1/2 분위 노인에겐 12.6%이다. 그 결과 하위 계층 노인에게 적용되는 급여율은 기초연금과 보충 연금을 합해 30% 안팎이다. 하위 계층을 위한 기초 보장 급여율로는 상당히 높은 편으로 퇴직연금을 받는 일반 노인들과의 소득 격차를 개선해주기 위한 조치이다.

덴마크에서는 의무적 사적 연금도 발달되어 있다. 우선 법적 소득 비례 연금으로 노동시장연금ATP이 있는데 그 위상은 미미한 편이다. 보험료는 소득이 아닌 노동 시간에 따른 정액 보험료로 설계되었고, 평균 급여율은 약 5%에 불과하다. 대신 산업별 단체협약에 따라 실시되는 사실상 의무적 연금으로서 완전 적립 방식의 퇴직연금이 운영된다. 퇴직연금의 보험료율은 기업에 따라 12~18%에 이르고 평균 급여율도 46.3%에 달해 그 비중이 크다(보험료는 사용자 3분의 2, 노동자 3분의 1 부담). 그 결과 기초연금, 노동시장연금, 퇴직연금을 합한 의무적 연금의 총 급여율이 67.8%로 OECD 평균 52.9%를 웃돈다. 정리하면, 덴마크에서 하위 계층 노인은 기초연금과 보충 연금으로, 중간 계층 이상의 노인은 기초연금과 퇴직연금으로 노후 소득을 마련한다.

캐나다도 복층형의 나라이다. 기초연금은 1951년 도입되었다. 2014년 기준으로 급여율은 노동자의 평균 소득 대비 13.7%이고 일반 세금을 재원으로 한다. 캐나다에 10년 이상 거주한 시민이나 영주권을 가진 노인에게 기초연금을 지급하는데, 40년을 기준으로 1년 단위로 2.5%씩 감액한다. 상위 계층 노인의 경우 기초연금이 일부 혹은 전액 세금으로 환수되기도 하지만 이에 해당하는 노인은 5% 내외이다. 지금은 65세 이상 노인이면 기초연금을 받을 수 있지만 2023년부터는 수급 개시 연령이 상향돼 2029년 67세에 도달할 예정이다.

캐나다에서도 기초연금과 가용 소득이 일정액(노동자 평균 소득의 3분의 1 수준) 이하인 하위 계층 노인들에게는 보충 연금Guaranteed Income Supplement이 제공돼 이중의 기초 보장이 구현된다. 2011년 기준으로 기초연금을 받는 노인은 96%, 이 중 추가로 보충 연금을 받는 노인은 34%에 이른다. 보충 연금의 급여율은 평균 18%여서 기초연금과 보충 연금을 모두 받는 경우 합산 급여율은 30%가 넘는다.

캐나다에는 기초연금, 보충 연금과 함께 공적 소득 비례 연금도 존재한다. 이 연금은 기초연금의 시행 이후 추가 노후 보장의 욕구가 커지자 1966년 도입되었다. 현재 급여율은 25%, 보험료율은 노사가 절반씩 부담해 9.9%를 납부하는데, 2017년부터 10.8%로 인상될 예정이다.[5]

지금까지 살펴본 기초연금 중심의 나라들에서 발견되는 공통 특

---

5 덴마크와 캐나다의 연금 급여율 정보는 OECD (2016), 《Pension at a Glance 2015》, 이용하·최옥금·최인덕(2015)의 《노인 기초보장제도와 국민연금간 역할분담에 관한 연구》(국민연금원), 국민연금연구원(2016), 〈캐나다의 공적 연금 제도〉, 유희원(2016), 〈공적 연금 제도의 재정 안정화 개혁 동향 및 시사점〉, 《연금이슈&동향분석》 제30호(국민연금연구원) 등을 종합 참고했다.

징은 낮은 노인 빈곤율이다. 단층형 국가인 네덜란드의 노인 빈곤율은 2.2%에 불과하고(2014년), 뉴질랜드도 8.2%에 머문다(2012년). 복층형 국가에서도 하위 계층 노인들에게 추가로 제공되는 보충 연금 덕분에 노인 빈곤율이 낮아 덴마크 3.8%(2013년), 캐나다는 6.2%이다(2013년). OECD 회원국의 평균 노인 빈곤율 12.4%보다 모두 낮다.[6]

현재 OECD의 연금 체계에서 우리나라의 기초연금은 단층형, 복층형 어디에도 속하지 못한다. 기초연금이 사실상 준보편 노인 수당으로 운영되고 있지만 소득과 자산 조사를 한다는 이유로 사회부조로 간주되기 때문이다. 하지만 지급 대상이 70%에 이르고 기여를 조건으로 하지 않는다는 점에서 '기초연금 유형'으로 이해하는 게 적합하다. 그럴 경우 우리나라는 단층형이라고 할 수 있다.

'한국적' 연금 개혁의 길

이제 우리나라 공적 연금 개혁의 대안을 이야기하자. 앞에서 나는 기초연금, 국민연금, 퇴직연금으로 이루어진 다층 체계의 관점에서 연금 개혁을 논의해야 한다고 강조했다. 당연히 개혁 대안도 이

---

6 노인 빈곤율에 영향을 미치는 요소는 다양하다. 기초연금이 노인 빈곤율 개선에 긍정적인 영향을 미치지만 소득 비례 연금도 적용 대상이 광범위하면 빈곤 대응 효과가 클 수 있다. 프랑스는 최저 연금선이 있고(노인 빈곤율 3.5%, 2013년), 독일은 소득 비례 연금에 다양한 가입 기간 인정 크레디트가 존재한다(노인 빈곤율 8.4%, 2013년). OECD. Stat.

세 연금의 조합으로 구성될 것이다. 우선 대안 모델을 다루기 전에 우리나라의 세 연금이 OECD의 연금 기준에서 특수한 지위에 있고, 또 변화 중에 있다는 점을 다시 확인하자.

2014년 도입된 기초연금은 법적 위상에서 보편 수당으로 명시되었고, 실제로 준보편적 노인 수당으로 운영되고 있다. 그럼에도 아직 OECD 기준에서는 기초연금의 유형으로 인정받지 못한다. 기초연금법의 취지가 OECD에 제대로 전달되지 못한 탓인데, 정부의 노력 혹은 의지가 부족하다는 게 나의 판단이다. 우리나라의 기초연금 급여율은 국민연금 가입자의 평균 소득 기준으로 약 10%이지만 OECD 기준인 상시 노동자의 평균 소득으로 계산하면 약 6%로 낮은 수준이다. 향후 연금 개혁에서 기초연금의 독소 조항들을 정비하고 동시에 급여 수준도 올려가야 한다. OECD 역시 우리나라의 노인 빈곤율이 최고 수준임에도 기초연금의 급여율이 낮은 점을 지적하며 급여율 상향의 필요성을 제기한다.[7]

국민연금은 OECD 국가들의 일반적인 소득 비례 연금과 다르다. 우리나라의 국민연금은 OECD 연금 체계에서 2층에 속하는 공적 연금이지만 소득 비례 급여뿐만 아니라 기초 보장 성격의 균등 급여가 포함되어 있다. 이는 국민연금에 소득 재분배 기능을 부여한 것인데, 2장에서 살펴보았듯이 실제는 낮은 보험료율과 가입 기간의 차이로 인해 상위 계층일수록 혜택을 더 얻어가는 형평성의 문제를

---

[7] "한국, 멕시코, 터키의 노인 빈곤이 최고 수준임을 감안한다면, 이들 나라에서는 기초 보장 연금의 급여를 올려야 하는 특별한 필요particular need가 있다." OECD (2016), 《Pensions at a glance 2015》, 57쪽.

안고 있다. 또한 연금 지출액의 약 절반을 미래 세대에 의존하는 구조여서 세대 간의 형평성 문제도 존재한다.

퇴직연금은 법정 의무 제도이다. 기여금(월급의 8.3%)으로만 따지만 거의 국민연금(9%)에 육박한다. 이 기여금을 급여율로 계산하면 대략 20%로 국민연금의 절반에 해당한다. 퇴직연금은 아직 연금 형태로 성숙되지 못해 OECD 기준에서 의무적 연금으로 인정받지 못하지만 향후 온전한 연금으로 발전시켜 다층 체계의 한 몫이 되도록 해야 한다.

위에서 보았듯이 우리나라의 연금은 다른 나라와 비교해 특수한 다층 체계를 구성한다. 이는 우리나라의 연금 개혁이 '한국적'이어야 한다는 점을 시사한다. 내가 가진 문제의식은 우리나라 노동시장의 불안정성으로부터 시작한다. 비록 국민연금이 노후 보장을 모색하는 제도이지만 노동시장이 계속 불안정한 상태에서는 온전히 목표를 달성하기 어렵다. 이에 노동시장의 지위와 무관하게 운영되는 기초연금을 개혁의 중심에 두고 국민연금, 퇴직연금을 적절히 배치하는 개혁 모델을 제안한다.

연금 개혁은 연속 개혁의 과정이다. 인구, 경제, 재정 등 여러 변수가 연금 체계에 중요한 영향을 미치기에 어떠한 모델을 미리 확정해서 말하기는 쉽지 않다. 그런 점에서 나는 지금 제안할 수 있는 1단계 모델과 향후 모색할 수 있는 2단계 모델로 구분해 개혁 대안을 이야기하겠다.

1단계 개혁 모델 : 기초연금의 내실화와 30만 원

　현재 노인의 빈곤 상태, 국민연금의 계층별 역진성을 감안할 때 공적 연금 개혁은 기초연금을 중심으로 진행되는 게 바람직하다. 이에 1단계 모델의 핵심 내용으로 '기초연금의 내실화와 30만 원'을 제안한다. 여기서 내실화는 기초연금이 지닌 독소 조항들을 정비하는 일이고, 기초연금 30만 원은 현행 급여율 10%를 15%로 올리는 일이다.

　기초연금의 내실화는 네 가지로 구성된다. 첫째, '줬다 뺏는 기초연금' 문제를 해결하자. 가장 가난한 노인이 기초연금에서 배제되는 상황을 더 이상 방치해서는 안 된다. 40만 기초생활보장 수급 노인에게도 실질적으로 기초연금을 보장해줘야 한다. 둘째, 매년 진행되는 기초연금액의 조정 기준을 물가에서 소득으로 되돌려야 한다. 기초연금액은 국민연금 가입자의 소득 증가에 맞추어 조정돼야 국민연금 대비 급여율이 유지될 수 있다. 물가 연동으로 기초연금을 운영하는 나라들도 있지만 노인 빈곤율이 높은 한국에선 기초연금이 소득 대비 가치를 지키는 게 특히 필요하다. 셋째, 기초연금을 국민연금의 가입 기간과 연계해 감액하는 방식을 폐지하자. 국민연금 급여안에 균등 급여가 존재하니 가입 기간만큼 기초연금을 감액하겠다는 논리인데, 국민연금의 개혁 과제는 국민연금제도에서 다루어야지 이를 기초연금으로 전가하는 것은 곤란하다. 넷째, 지자체의 기초연금에 대한 재정 부담을 줄여줘야 한다. 매년 노인 수가 증가하므로 급여율의 변화가 없더라도 지자체의 기초연금 재정 몫은 커질 수밖에 없다. 현재의 세입 구조에서 지자체가 이 부담을 감당하기는 어렵다. 중앙정부의 재정 사업으로 완전 전환하든지 그게 힘들다면 최소한 현행 국고 보조율 평균 75%를 90%까지 올려야 한다.

내실화가 기초연금의 구조를 정비하는 일이라면 급여율의 인상은 기초연금의 보장 수준을 높이는 일이다. 현행 기초연금의 급여율 10%를 15%, 즉 30만 원으로 올리자. 초고령사회를 앞두고 상당수 노인들이 노후를 준비하지 못한 상황에서 20만 원의 기초연금은 노인 수당으로 빈약하다. 상시 노동자의 평균 소득 기준으로 우리나라의 기초연금 급여율은 약 6%에 불과해 OECD 18개국의 평균 기초연금 급여율 20.1%에 크게 못 미친다. 현행 기초연금의 급여율을 15%로 인상하면 OECD 계산 방식인 상시 노동자의 평균 소득 대비 10%에 육박할 수 있다.

그럼 1단계 개혁에서 국민연금 개혁은 어떻게 해야 할까? 국민연금의 급여율은 현재 수준을 유지하는 게 불가피하다. 일부에서 주장하는 급여율 50%는 계층 간의 급여 격차를 확대하고, 지금도 보험료율이 낮은 상태여서 세대 간 형평성도 악화시킨다. 따라서 1단계 개혁에서 국민연금은 사각지대의 개선 및 보험료 상한액 인상에 집중하면서 보험료율 인상에 대한 사회적 공감대를 높여가야 한다. 이를 위해서는 다음과 같은 조치가 필요하다.

첫째, 국민연금의 사각지대 해소를 위한 지원책으로 취약 계층에 대한 국민연금 보험료의 지원 확대, 크레디트 제도의 강화 등이 필요하다. 박근혜 대통령은 대선 공약으로 저임금 노동자의 국민연금과 고용보험료를 전액 지원하겠다고 약속했으나 이를 지키지 않고 기존처럼 약 절반만 지원하고 있다. 공약대로 하면 된다. 불안정 노동자들은 절반을 지원받더라도 여전히 보험료 부담이 크다. 보험료 전액 지원으로 확대되어야 이 정책의 실효성이 크게 증대될 것이다.

현재 시행되고 있는 출산, 군 복무 크레디트 제도 역시 보완되어야 한다. 둘째 아이부터 인정되는 출산 크레디트는 첫째 자녀부터 적용하고, 군 복무 크레디트 기간도 현행 6개월에서 전체 기간으로 늘려야 한다. 2016년부터 실업자에게도 1년까지 가입 기간을 인정해주는 실업 크레디트가 도입되었는데 향후 영세 자영자, 청년 취업 준비생 등 실업급여의 사각지대에 있는 사람들에게까지 적용을 확대해가야 한다.

둘째, 국민연금 보험료가 적용되는 소득 상한을 올려야 한다. 2016년 현재 국민연금 가입자의 소득 상한액은 434만 원으로 국민연금 가입자 평균 소득의 약 2배 수준에 그친다. 월 소득이 434만 원이든 4,300만 원이든 보험료는 약 39만 원으로 동일하다. 이는 국민건강보험의 소득 상한액 7,810만 원에 비해 무척 낮은 수준이다. 이에 소득 상한액은 최소 가입자 평균 소득의 3배 이상, 약 600만 원 이상으로 상향할 필요가 있다. 단 이때 급여 증가에 일부 제한을 두어 최상위 계층의 수익비가 하향되도록 조정해야 한다.[8]

셋째, 보험료 인상에 대해서는 인내를 가지고 논의하자. 국민연

---

[8] 소득 상한선이 오르면 전체 가입자의 평균 소득도 오르기에 이와 연동되는 균등 급여도 조금 인상되는 효과가 생긴다. 그럼에도 현행 국민연금 체계에서는 균등 급여의 총액이 가입 기간과 연동되기에 상위 계층일수록 혜택이 많고, 국민연금의 사각지대에 있는 노인들은 아예 배제되는 한계가 여전히 존재한다. 국민연금의 가입 여부와 무관하게 지급되는 기초 연금이 균등 급여보다 월등한 재분배 효과를 가진다는 점을 기억하자.

금에 대한 객관적 이해와 신뢰 증진이 뒷받침될 때 비로소 보험료 인상에 대한 토론도 가능하다. 인상 폭보다는 국민연금 가입자들 스스로 인상의 필요성을 공감하는 게 중요하다. 다행히 근래 국민연금 제도의 혜택에 대한 이해가 높아지고 미래 지속 가능성을 걱정하는 목소리도 들린다. 국민연금의 4차 재정 추계 결과가 발표되는 2018년 즈음부터는 본격적으로 보험료 인상 논의가 진행되기를 바란다.

한편 퇴직연금은 아직 연금으로 보기 어렵다. 고용이 안정된 상시 노동자에게만 적용되고, 대상자의 경우에도 현재는 연금 형태로 수령하는 사람이 소수에 불과하다. 그럼에도 퇴직연금은 법적 의무 연금이고, 사용자가 전액 기여금을 납부하는 사회적 성격을 가진다. 점차 매달 지급받는 연금 형태로 퇴직연금을 발전시키고, 관리 운영 주체도 공적 기관으로 전환해 공적 연금(제2의 국민연금)으로 재편할 필요가 있다. 퇴직연금의 본격적 개혁은 2단계에서 다룬다.

정리하면, 우리나라의 공적 연금 개혁에서 1단계 모델은 '기초연

〈도표 47〉 공적 연금 개혁 1단계 모델

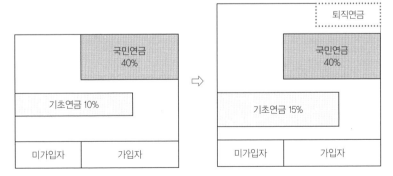

연금별 도형 크기는 미래 평균 실질 급여율을 모든 가입자에게 동일하게 적용해 그렸다.

금 15%+국민연금 40%'로 구성된다. 국민연금의 급여 구조에 변화가 없으므로 '기초연금의 내실화와 30만 원'이 핵심 내용이다. 만약 정책 결정 테이블에서 두 과제의 선후를 따져야 한다면 기초연금을 제자리에 놓는다는 의미에서 내실화가 우선이다. 1단계 모델에서 국민연금 평균 소득자의 경우 가입 기간을 20년으로 가정할 때 국민연금 40만 원, 기초연금 30만 원을 받아 공적 연금 70만 원이 된다. 부부가 모두 기초연금을 받는다면 연금액의 상승 효과는 더 클 것이다.

2단계 개혁 모델 : 공적 연금 3원 체계와 기초연금 강화

1단계 개혁이 언제 완성될 수 있을지 시기를 말하기는 어렵다. 2016년 총선에서 야당들은 기초연금이 지닌 독소 조항을 지적하고 기초연금액을 30만 원으로 올리자고 했다. 조속히 1단계 개혁이 이루어지길 바란다.

공적 연금의 개혁은 여기서 그칠 수 없다. 향후 노인 부양비는 더욱 높아지고 노인 빈곤도 계속될 것으로 예상된다. 초고령사회에서 사회경제적 환경이 변화하듯 연금 체계도 그에 맞추어 거듭나는 '연속 개혁'의 길을 가야 한다.

2단계 개혁 모델은 공적 연금 3원 체계를 구축하는 게 목표이다. 우선 퇴직연금을 공적 연금으로 전환해 제2의 국민연금으로 재구조화하자. 국민연금은 보험료율의 점진적 인상을 통해 재정의 지속 가능성을 개선해나가야 한다. 기초연금 역시 한 단계 더 발전시켜 한국의 공적 연금 체계에서 그 역할을 높여가야 한다.

　미래의 사회경제적 환경이 불명확한 상황에서 지금 2단계 개혁 모델을 단일 설계도로 특정화하기는 어렵다. 이에 우리나라 공적 연금의 미래상을 구상하는 열린 토론을 위해 2단계 개혁 모델을 세 가지 유형으로 제안한다. 각 유형 모두 공적 연금의 개혁 방안으로 강약점을 지니므로 미래의 재정 여건과 노인의 빈곤 상태 등을 감안해 선택할 수 있을 것이다. 각 유형의 특징을 살펴보자.

〈도표 48〉 공적 연금 2단계 개혁 모델

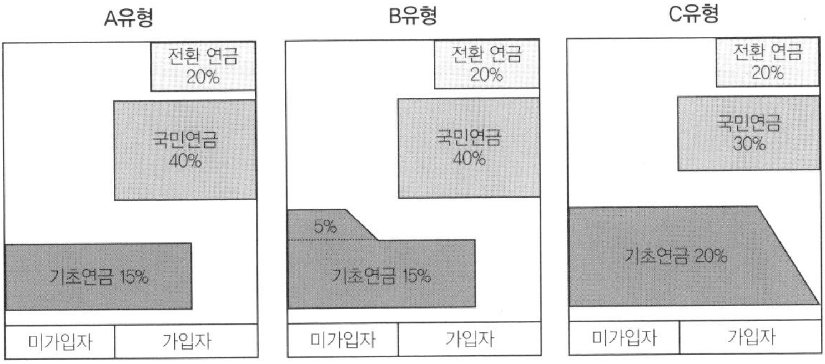

연금별 도형 크기는 미래 평균 실질 급여율을 모든 가입자에게 동일하게 적용해 그렸다.

　A유형은 기초연금·국민연금은 1단계 모델을 그대로 유지하고 퇴직연금을 연금 형태로 성숙시켜 공적 연금으로 전환하는 개혁 방안이다. 법정 연금인 퇴직연금을 관리 비용이 드는 사적 영역에 놔둘 이유가 없다. 현행 퇴직금을 퇴직연금으로 전환하도록 인센티브를 제공하고, 퇴직연금은 '공적 전환 연금(제2의 국민연금)'으로 재편한다. 40년 가입 기준으로 전환 연금의 급여율이 20%에 육박하므

로 그만큼 공적 연금의 법정 명목 급여율도 상향될 것이다. A유형에서 공적 연금의 명목 급여율은 기초연금 15%, 국민연금 40%, 전환 연금 20%를 합해 총 75%이다. 금액으로 환산하면 국민연금에 20년 가입한 평균 소득자의 경우 기초연금 30만 원, 국민연금 40만 원, 전환 연금 20만 원을 합해 총 90만 원을 공적 연금으로 받을 수 있다.

B유형은 A유형에 덴마크, 캐나다처럼 하위 계층 노인에게 5%의 보충 연금을 추가로 제공하는 복층형이다. 이 유형에서는 빈곤 위험에 처한 노인에게 기초연금에 더해 5%의 보충 연금을 제공하기에 노인 빈곤율이 개선될 수 있다. 보충 연금은 하위 계층의 노인에게만 지급되므로 추가 재원 규모는 A유형에 비해 그리 크지 않을 것이다. 기초연금의 급여율을 추가로 인상하되 하위 계층에 혜택을 집중하고 싶다면 B유형을 권장할 만하다.

C유형은 기초연금의 급여율을 20%로 상향하고, 이와 연동해 국민연금의 급여율을 30%로 하향하는 방안이다. C유형의 특징은 공적 연금 체계가 기초연금 중심으로 전환한다는 점이다. 법정 명목 급여율로 보면 여전히 국민연금이 높지만 평균 가입 기간을 감안한 실질 급여율로 접근하면 기초연금이 우위에 서고 사각지대까지 포괄한다는 점에서 더욱 그렇다. 국민연금의 미래 재정도 안정화된다. 국민연금 30%에 필요한 보험료율이 약 12%이므로 보험료율의 소폭 인상으로 국민연금의 재정 수지는 거의 균형에 도달할 것으로 기대된다. 당해 세대가 책임지는 기초연금의 재정 몫은 늘어나지만 미래 세대에 의존하는 국민연금의 재정 수지가 안정화돼 초고령화에 따른 세대 간의 재정 책임 몫의 연착륙을 도모할 수 있다.

<도표 49> 연금 개혁 모델

단계	유형		기초연금	특징
1단계	기초연금 강화	내실화	독소 조항 개혁	기초연금 제자리 찾기
		30만 원	기초 15%	
2단계	3원 체계 정립	A유형	기초 15%	3원 체계의 기본 모형
		B유형	기초 15%+보충 5%	노인 빈곤 적극 대응
		C유형	기초 20%	기초연금 중심의 연금 체계

　C유형에선 국민연금의 급여 구조에도 변화를 모색할 필요가 있다. 국민연금의 급여율이 하향함에 따라 상위 계층에선 수익비가 1 이하로 내려가기 때문이다. 이를 보완하기 위해 국민연금의 급여 구조에서 균등 급여의 몫을 줄이고 비례 급여의 몫을 늘려 상위 계층의 연금 손실을 보완하는 논의도 필요하다. 동시에 최상위 계층에게도 기초연금을 제공하고 복지 재정의 조달 책임을 요구하는 게 바람직하다. 이때 기초연금은 완전 보편주의의 원리로 운영하되 기초연금에 대한 과세를 통해 일부를 환원하는 방식을 결합시킬 수 있다.[9]

　정리하면, 2단계 모델에서는 퇴직연금이 공적 연금으로 전환됨에 따라 우리나라의 공적 연금은 3원 체계로 자리 잡는다. 공적 연금의 총 법정 명목 급여율이 70% 이상 확보되고 기초연금, 국민연금,

---

9 만약 C유형의 개혁을 더 강력히 진행해 기초연금의 급여율을 계속 올리고 이와 연동해 국민연금을 축소해나간다면 궁극적으로 완전 노인 기본소득으로 재편될 것이다.

퇴직연금이 각각의 강점을 발휘하며 세 유형으로 발전할 수 있다. 각 유형별 특징을 정리하면 다음과 같다.

A유형은 1단계 모델의 연장선에 있어 변화의 폭이 상대적으로 작다. 기초연금 15%, 국민연금 40%를 유지하면서 퇴직연금만 공적 전환 연금으로 개편된다. 퇴직연금이 고용이 안정된 노동자에게만 적용된다는 점에서 A유형은 중간 계층 이상 노동자들의 공적 연금 급여율이 강화되는 특징을 지닌다.

B유형은 A유형에 보충 연금을 추가한 것으로 하위 계층 노인의 빈곤 해소에 강력한 효과를 발휘할 수 있다. 노인 빈곤이 심각한 우리나라에서 적극 검토해볼 수 있는 유형이다. 준보편 수당으로 기초연금을 운영하면서 하위 계층 노인에게 추가로 연금을 제공하므로 기존의 보편·선별 복지 논의 구도를 통합한다는 의미도 있다.

C유형은 기초연금의 급여율을 올리고 국민연금의 급여율을 낮춰 우리나라의 공적 연금 체계를 기초연금 중심으로 재편한다. 연금 재정의 측면에서 부과 방식의 기초연금을 강화하고, 국민연금 재정의 세대 간 형평성을 개선한다는 점에서 미래 연금 재정의 연착륙을 도모할 수 있는 유형이다. C유형에서는 기초연금의 급여율 인상으로 소득 재분배 기능이 강화되므로 국민연금에서 균등 급여의 비중을 상대적으로 줄일 수 있다. 국민연금의 급여율이 낮아지는 만큼 보험료율의 인상 폭이 작아지므로 장기적으로 다른 유형에 비해 기금 규모를 줄일 수 있다는 장점도 있다. 변화의 폭이 큰 만큼 논란도 많을 수 있는 유형이다.[10]

연금 개혁과 필요 재정

내가 제안하는 1단계, 2단계 모델 모두 공적 연금의 급여를 강화하는 것이기에 추가 재원을 필요로 한다. 기초연금은 급여율이 오르는 만큼 조세 재정을 확보해야 하고, 국민연금은 재정 안정을 위해 보험료율의 단계적 인상을 도모해야 한다. 전환 연금은 현행 퇴직연금을 재원으로 전액 충당될 것이다. 그러면 연금 개혁에 필요한 재정 규모는 어느 정도일까? 우리가 감당할 수 있는 수준일까?

개혁 모델 1단계에서 기초연금의 내실화를 달성하기 위한 재정 규모는 단기적으로는 큰 문제가 아니다. 2016년 기초연금의 지출은 10.6조 원이다. 지금 당장 기초생활보장 노인에게 기초연금을 보장하고, 물가 연동을 소득 연동으로 바꾸더라도 기초연금의 필요액은 약 12조 원으로 GDP의 1%에도 미치지 않는다. 물론 기초연금의 필요 재정은 미래로 갈수록 늘어난다. 노인 수의 증가, 소득 연동, 급여율 상향, 지급 대상의 확대 등이 진행되면 재정의 증가 폭은 더 커질 것이다. 〈도표 50〉을 통해 2060년 기준 공적 연금 개혁에 필요한 지출 규모를 살펴보자.[11]

---

10 국민연금에 포함된 균등 급여는 국민연금의 도입 당시부터 논란의 주제였다. 비판하는 쪽에선 국민연금에서 균등 급여의 비중을 상대적으로 축소하거나 아예 폐지해 국민연금을 완전 비례 연금으로 전환하자고 주장한다. 한편 오래전부터 국민연금의 비례 연금화를 주창해온 석재은 교수는 최근 국민연금의 역사적 유산을 고려할 때 비례 연금으로 전환하는 것의 어려움을 인정한다. 이에 석재은 교수는 국민연금과 기초연금을 연계해 균등 급여의 몫을 줄이는 박근혜 정부의 연금 개혁('기능적 기초연금')을 절충적 대안으로 평가한다. 석재은(2015), 〈기초연금 도입과 세대 간 이전의 공평성〉,《보건사회연구》35권 2호.

11 전환 연금은 기업이 전액 납부하는 완전 적립 방식으로 정부 재정이 소요되지 않기에 연금

<도표 50> 2060년 공적 연금의 지출 전망(전환 연금 제외, GDP 대비 %)

유형		기초연금 대상 (a)		국민연금 급여율 (b)		소계 (a+b)	특수 직역 연금 (c)	합계 (a+b+c)
		70%	100%	40%	30%			
현행		2.4		6.8		9.2	1.5	10.7
개혁 모델	1단계	4.2		6.8		11.0	1.5	12.5
	2단계 C유형		6.8		5.1	11.9	1.5	13.4

현행 연금의 재정 수치는 보건복지부, 기획재정부 국회 제출 자료를 근거로 삼았다. 개혁 모델 수치는 국민행복연금위원회(2013), 〈기초연금(안)별 소요 재정〉을 토대로 필자가 재구성했다. 기초연금은 소득과 연동하고 국민연금 연계는 폐지하는 것을 가정했고, C유형 기초연금 100% 지급의 경우 상위 30%는 연금 과세를 감안해 지출의 절반만 반영했다.

우선 현행 공적 연금 제도가 그대로 운영될 경우의 필요 재정을 살펴보자. 2016년 현재 기초연금과 국민연금, 특수 직역 연금의 지출을 모두 합한 규모는 GDP의 3.1%이다. 이후 2060년에는 국민연금의 지출 규모가 GDP의 6.8%에 이르고, 노인 수의 증가에 따라 기초연금의 지출도 GDP의 2.4%에 달한다. 여기에 특수 직역 연금의 지출까지 더하면 GDP의 10.7%에 이른다. 현행 제도를 그대로 유지하더라도 미래의 연금 재정 규모가 상당히 늘어난다는 사실을 알 수 있다.

내가 제안하는 개혁 모델에 필요한 재정은 얼마일까(전환 연금은 제외)? 1단계 모델(기초연금 15%+국민연금 40%)의 총 재정 규모는

재정 계산에는 포함하지 않았다. OECD의 미래 연금 지출 추정에서도 사적 영역에서 운영되는 의무적 연금의 몫은 포함하지 않는다.

GDP의 12.5%로 상향된다. 현행 제도와 비교해 기초연금의 급여율이 인상되는 만큼 필요 재정이 증가한다. 2단계 모델에선 얼마가 필요할까? A유형은 기초연금과 국민연금의 급여율이 1단계와 동일하므로 필요 재정은 12.5%로 동일하다. B유형은 보충 연금이 추가된 유형이지만 하위 계층 노인에게만 제공되는 보충 연금의 재정 규모가 크지 않아 전체 지출은 GDP의 13% 수준으로 예상된다. C유형에선 기초연금이 지금보다 2배 인상되지만 국민연금의 급여율이 30%로 낮아져 총 재정 규모는 GDP의 13.4%로 전망된다. 어떤 유형이든 GDP의 약 13%의 재정이 필요하다.

미래 연금 지출에서 눈여겨볼 모델은 C유형이다. 총 재정 규모가 가장 많기도 하지만 지출 규모에서 기초연금이 GDP의 6.8%로 가장 큰 몫을 차지한다. 현행 제도의 미래 모델과 비교하면 국민연금 중심의 연금 체계(국민 6.8+기초 2.4)가 기초연금 중심의 연금 체계(기초 6.8+국민 5.1)로 중심 축이 이동한다.

물론 GDP 대비 13%의 연금 지출은 만만한 규모가 아니다. 그런데 OECD 국가들은 2010~2015년 기준으로 이미 공적 연금에 평균 9.0%, EU 28개 국가들은 11.3%를 지출하고 있다. 현재 OECD 회원국 가운데 10%를 넘은 나라는 14개국, 13%를 넘은 나라도 5개국에 달한다.[12] 2013년 기준으로 한국의 고령화율은 12.2%로 OECD 국가 평균 15.8%에 비해 낮은 편이나 2060년에는 40.1%에 도달할 전

---

12 2010~2015년 기준으로 GDP 대비 연금 지출 규모가 큰 나라들은 그리스 16.2%, 이탈리아 15.7%, 프랑스 14.9%, 오스트리아 13.9%, 포르투갈 13.8%, 핀란드 12.9% 등이다. OECD(2016), 《Pension at a Glance 2015》, 183쪽.

<도표 51> 외국의 연금 지출 전망(GDP 대비 %)

	2010~15년	2020년	2030년	2040년	2050년	2060년
한국	3.1(2016)	3.6	5.3	7.3	9.4	10.7
OECD	9.0	–	–	–	10.1	11.3
EU 28	11.3	11.2	11.6	11.7	11.4	11.2

OECD(2016), 《Pension at a Glance 2015》, 183쪽. 한국의 수치는 기획재정부, 보건복지부의 국회 제출 자료(특수 직역 연금 포함).

망이다. GDP 대비 13%의 재정은 미래 우리나라의 초고령 상황을 생각하면 감당해야 하고, 감당할 수 있는 수준이라고 판단한다.

그럼에도 미래 세대의 부담이 큰 것은 사실이다. 지혜가 필요하다. 여기서 중요한 것은 미래 세대의 부담이 갑자기 늘어나지 않도록 세대별 재정 책임이 점진적으로 증가하는 연착륙 이행 경로를 만드는 일이다. 노인 부양비의 상승에 따라 점진적으로 재정 책임이 증가하는 부과 방식의 재정 구조를 가진 기초연금의 역할이 중요한 이유이다.

남은 과제 :

복지 증세와
노후의
재구성

9장

이제 공적 연금 개혁의 길 찾기를 마무리할 때다. 아마도 연금 개혁은 우리 세대가 살아 있는 동안 계속 뜨거운 쟁점일 듯하다. 그만큼 풀기 어려운 숙제이다. 내가 제안한 기초연금 중심 개혁의 미래도 향후 '연금 정치' 영역으로 남겨둘 수밖에 없다. 책을 마무리하면서 연금 개혁을 성사시키는 데 반드시 필요하지만 본문에서 다루지 못한 과제들을 남긴다.

세금, 피하지 말아야 할 숙제

지난 2010년 대한민국에 불어온 시대정신은 "함께 살자, 대한민국!"이었고, 이는 2012년 대통령 선거에서 복지국가 담론으로 등장했다. 복지국가는 기본적인 생활을 사회가 보장하고, 시민은 그에 걸맞은 책임을 다하는 나라를 의미한다. 이를 위해선 복지와 세금이 동전의 양면처럼 짝을 이루고 굴러가야 한다.

기초연금의 인상은 그만큼의 재원을 필요로 한다. 우리나라의 낮은 조세 부담률 상황에서 증세 논점이 부상할 수밖에 없다. 사실 증세는 공적 연금뿐만 아니라 대한민국을 복지국가로 만들어가는 길에 넘어야 할 큰 산이다. 세금은 어느 주제보다도 계층 간의 이해관계가 충돌할 수밖에 없기에 시민사회, 정치 세력의 정체성을 확연하게 보여준다. 근래 전개되는 세금 논의의 활성화는 우리 사회에서 정치사회적 논점이 점차 사회정책의 의제로 자리 잡아가고 있음을 시사한다.

과연 우리나라는 증세 정치에 성공할 수 있을까? 2014년 우리나라의 국민 부담률은 GDP의 24.6%로 OECD 평균 34.4%에 비해 거의 10% 포인트 적다. 대략 국내 총소득 1,500조 원을 적용하면 세금과 사회보험료에서 무려 150조 원이 부족하다. 공적 연금의 강화를 주창한다면, 재정의 지속 가능성과 형평성을 생각한다면, 더 이상 증세 의제를 피해갈 수 없는 상황이다.

우리나라의 재정은 2009년 금융 위기 이후로 어려움에 처해 있다. 재정 적자가 2014년 25.5조 원, 2015년 38.0조 원에 달하고, 2016년도 비슷한 수준의 적자가 예상된다. 복지 재정의 책임을 둘러싸고 중앙정부와 지방정부 사이의 갈등도 계속 갈 것이다. 결국 상시적인 재정 적자, 늘어나는 복지 재정에 대응하기 위해서는 '증세' 논의가 불가피하다.

그런데 세금 논의가 전향적인 방향으로 흘러가기가 무척 어렵다. 2015년 초 '연말 정산 사태'에서 보았듯이 우리나라에서 세금 논란은 금세 '폭탄'으로 탈바꿈하며 합리적인 토론을 가로막는다. 조세에 대한 불신과 저항 장벽이 높기 때문이다. 이를 야기하는 주요 원인들을 꼽아보면 다음과 같다.

첫째, 세금에 대한 객관적인 정보가 취약하다. 헌법에서 사회 구성원들에게 납세의 의무를 명하고 있지만 정작 공교육 과정에서도 세금에 대해 체계적으로 가르치는 프로그램이 존재하지 않는다. 성인이 되어서도 세금에 대해 교육을 받을 기회가 사실상 없다. 거의 모든 정보를 언론을 통해 전달받고 있는 셈인데, 과연 언론이 객관적으로, 균형 있게 세금 기사를 전하고 있는지 의문이다.

둘째, 조세 정의가 훼손돼 있다. 과거와 비교해 과세 인프라가 개선된 것은 분명하지만 아직 시민의 눈높이에 이르지 못한 것이 현실이다. 예를 들어 고액 현금이 오가는 전문직 소득, 임대·금융 소득, 종교인 소득, 해외 자산 등에 대한 과세가 제대로 이루어지지 않는다. 비과세, 감면 등 세금 특혜도 과세의 형평성을 훼손하는 요소들이다. 여기에 세금 형태는 아니지만 직장과 지역으로 구분된 건강보험료 부과 체계의 형평성 문제, 영세 자영자에게 큰 부담이 되는 국민연금 보험료(전액 본인 부담) 등도 조세 저항에 한몫한다.

셋째, 부정적인 세금 정치가 되풀이된다. 세금 정치의 핵심은 신뢰인데, 조세 제도를 결정하는 입법부, 세금을 사용하는 행정부, 조세 관련 위법성을 판단하는 사법부가 모두 불신의 대상이다. 정치권도 세금 공방을 벌이지만 믿음직한 개혁 비전을 보여주기보다는 세금 불신을 부추기는 역할을 한다.

넷째, 재정 방안에 대한 '도깨비 방망이'식의 착시가 존재한다. 근래 재정 확충이 중요한 시대적 과제로 등장하자 정치권이 논의의 전면에 나섰다. 하지만 정치권을 중심으로 지출 혁신, 지하경제 양성화, 부자 감세 철회 등 주요 방안들이 검증 없이 주창되면서 마치 두드리기만 하면 재정이 확보되는 듯한 도깨비 방망이 효과를 낳고, 이는 진지한 세금 논의를 어렵게 한다. 정치권, 시민사회 모두 재정에 대한 실사구시적 접근과 토론이 필요하다.

그러면 우리나라의 높은 세금 장벽을 어떻게 넘을 수 있을까? 현재의 조세 현실을 넘어설 수 있는 '증세 정치'가 필요하다. 증세는 신뢰의 문제이다. 증세 규모보다는 세금 관련 주체, 즉 의회와 행정부에 대한 시민의 신뢰도가 증세 동의에 큰 영향을 미칠 것이다.

나는 근래 우리나라 시민들이 지닌 조세 정의에 대한 열망에 기대를 가진다. 2015년 연말 정산 사태에서 보았듯 아직 세금에 대한 불신과 저항이 크지만 이것을 단순히 '세금을 내지 않겠다'는 조세에 대한 저항보다는 '왜 공평하게 거두지 않느냐'는 조세 정의감의 표현으로 적극 해석할 필요가 있다. 왜 근로소득세만 더 거두느냐, 법인세, 금융 소득에 대한 과세는 왜 방치하느냐는 항변인 것이다.

시민들은 보육, 기초연금을 중심으로 복지 체험을 하면서 세금에 대해 또 하나의 생각을 가지기 시작했다. 조사 기관에 따라 수치가 다양하지만 '복지가 늘어난다면 세금을 더 내겠다'는 시민들이 절반을 차지하는 여론조사 결과도 종종 나온다. 과거에는 상상할 수 없었던 시민들의 조세에 대한 인식 변화다. 늘어나는 복지를 감당하기 위해서는, 또 내 자식 세대에게 '함께 사는 대한민국'을 물려주기 위해서는 우리 세대가 능력껏 세금을 내야 한다는 책임 의식을 갖기 시작한 것이다. 복지가 지속 가능하기 위해서는 어디선가 세금을 더 걷어야 한다는 점을 인식하고, 모두가 공평하게 세금을 더 낸다면 자신도 기꺼이 능력에 맞춰 더 낼 수 있다는 의향이다.

이제 우리나라도 보편 복지의 체험을 적극 활용해 '강한 복지, 강한 재정'의 길을 개척해가자. 선별 복지에선 복지 수혜자와 재정 기여자가 분리되기에 복지 재정의 대부분을 담당할 상위 계층에게 더 많은 세금을 요구하기가 어려울 수 있다. 반면 복지가 보편적 권리로서 인식되고 제공되는 사회에서는 그만큼 재정 책임도 부여할 수 있다. 스웨덴의 사회학자 발테르 코르피Walter Korpi가 '재분배의 역설paradox of redistribution'이라고 개념화했듯이 보편 복지는 재정 확충을 추동해 '강한 복지, 강한 재정'을 향해갈 수 있다. 아직은 우리에게 낯선 이론이고 이 역시 세금 정치에서 성공해야 가능한 일이지만 우리가 꼭 이루어야 할 숙제이다.[1]

어떻게 증세할까? 시민들은 우리나라의 세금이 공평하지 않고 제대로 사용되지 못하고 있다고 생각한다. 이에 세금을 거두는 과정에서 '공평 과세'로 조세 정의를 세우고, 거둔 세금을 복지에 제대로 사용하는 '복지 증세'로 지출 불신을 넘어서기를 바란다. 예를 들어

---

1 Korpi, Walter and Palme, Joakim(1998), 〈The paradox of redistribution and strategies of equality〉, 《American Sociological Review》 63, 661~687.

정치권, 시민사회가 함께 참여하는 '공평 과세와 복지 증세를 위한 국민위원회' 같은 조세 정의 총괄 기구를 설립하고 다음과 같은 종합 개혁 활동을 벌여나가자.

첫째, 재정 지출 분야를 경제 정책에서 사회정책 중심으로 개혁하자. 이제는 정부 예산 배정에서 토목, R&D 등 경제 분야를 대폭 줄이고 이를 복지, 교육 등 사회 분야로 전환해야 한다. 복지 지출도 국가가 비용만 담당하는 방식(무상 복지)을 넘어 보육, 요양, 의료 등의 공공 인프라 강화로 나아가야 한다. 이는 증세 영역은 아니지만 세금이 제대로 쓰이도록 하는 일이어서 증세 정치와 밀접한 연관을 지닌다.

둘째, 기존의 과세 사각지대를 해소해나가자. 금융 소득, 임대 소득, 전문직 소득 등 현행 소득세 체계의 틈새를 메우는 조세 혁신을 단행해야 한다. 이를 통해 소득세 영역에서 형평성을 확보하고, 과세 인프라 외부에 있는 '지하경제 양성화'에도 박차를 가해야 한다.

셋째, 소득세와 법인세의 공제, 감면을 축소하자. 2013년 소득세법 개정처럼 소득 공제를 세액 공제로 전환하는 전향적 개혁이 필요하다. 나아가 세액 공제도 복지로 전환하면 더 바람직하다(예를 들어 현행 의료비, 교육비 세액 공제 대신 의료 보장성, 고교 무상 교육·대학 등록금 지원 등을 강화하는 일). 법인세 영역에서는 연구 개발비의 세액 공제 등 주로 대기업에 제공되는 공제 감면을 축소해 대기업의 실효세율을 올려가야 한다.

넷째, 사회보험료의 인상을 적극 추진하자. 사회보험은 노사가 절반씩 보험료를 부담하지만 여기서 마련된 재원은 모두 가입자를

위해 사용된다는 점에서 사회연대의 효과가 크다. 시민단체들이 주
창하는 '건강보험 하나로'처럼 모든 병원비를 공적 건강보험제도로
해결하기 위해 국민건강보험료를 인상할 수 있다. 민간 의료보험 대
신 국민건강보험으로 병원비를 해결할 수 있다면 많은 시민들이 공
감할 것이다. 고용 불안이 커지는 상황에서 고용보험료 인상 역시 비
슷한 효과를 낼 수 있다. 사회보험료에 대한 획기적인 인식 전환이
요청된다.

　다섯째, 증세는 어느 세목을, 어떤 방식으로, 누구에게 걷을까가
논점이다. 나는 시민 참여형 목적 증세를 제안한다. 복지를 위한 증
세임을 상징적으로 보여주기 위해 사회복지세를 도입하자. 부가가
치세, 소득세, 법인세 같은 일반세를 인상하는 방식은 증세의 사용처
가 확정되어 있지 않은 반면 목적세는 사용처가 미리 정해져 있다.
우리나라와 같이 재정 지출에 대한 불신이 크고, 새로운 복지 확대에
대한 요구가 큰 나라에선 세금의 사용처를 복지로 정해놓는 사회복
지세의 도입이 유용할 것이라고 판단한다. 내가만드는복지국가 등
복지 시민단체들이 국회에 청원 발의한 사회복지세는 소득세, 법인
세, 종합부동산세, 상속증여세에 20% 세율을 적용하는 부가세surtax
로 연 20조 원 이상을 확보할 수 있다.[2]

---

2 우리나라는 일반 예산으로 감당하기 어려운 시대적 과제가 있을 때마다 목적세를 도입해왔
다. 과거의 방위세, 지금의 교육세가 그렇다. 사회복지세는 재정 지출에 대한 불신 장벽을
우회하며, 증세 경로를 하나의 세목으로 단일화하고, 세금이 어떻게 쓰일지 설명할 수 있어
증세 동의를 이끄는 데 유리하다. 주요 직접세의 세목들이 사회복지세로 통합되니 시민들
이 증세 방식을 이해하기도 쉽다. 내가만드는복지국가 외(2013), 〈사회복지세를 제안합니
다〉(내가만드는복지국가 블로그 http://mywelfare.or.kr/337).

증세의 핵심은 '정책'이 아니라 '정치'에 있다. 자신의 요구를 정식화한 것이 정책이라면 이것을 위해 사회적 힘을 모으는 게 정치이다. 지금까지 야권과 시민사회는 '정책의 영역에서' 부자 증세를 선언해왔을 뿐이다. 이제는 복지와 세금을 결합해 증세의 정당성을 드높이고, 일반 시민들도 누진 증세에 참여해 부자와 대기업을 압박하는 증세 정치가 필요하다. 복지로 되돌아오는 게 분명하고, 복지를 누리게 될 시민들이 조세 책임에 참여한다면 여기서 조성된 자부심은 상위 계층, 대기업의 누진 과세를 구현하는 실질적인 힘이 될 것으로 기대한다. 선언적 부자 증세를 넘어 시민 주도의 공평 과세, 복지 증세로 나아가자.

노후의 재구성

미래 사회를 이야기할 때 항상 나오는 질문이 '노인이 절반을 차지하는 사회가 과연 지속 가능할까'이다. 바로 초고령사회에 대한 상상과 걱정이다. 취업자 한 사람이 노인 한 사람을 부양해야 하는 사회는 어떤 모습일까? 수십 년에 달하는 노년기의 복지를 국가에게만 의존하는 게 적절한 것일까? 초고령 시대에 공적 연금이 지속 가능하기 위해서는 지금과 다른 사회경제 인프라가 구축돼야 하지 않을까?

2015년 우리나라 노인 인구의 비중은 13.1%이다. 아직은 선진국에 비해 낮은 편이다. 문제는 그 증가 속도가 무척 빠르고, 이후 세계 최고 수준에 이른다는 점이다. 65세 이상의 노인 비중이 2008년 10%를 넘어섰고, 2026년 20%를 넘어 초고령사회로 진입하고, 2060년에는 무려 40.1%에 이를 전망이다. 노인 부양비로 따지면 2075년 80.1명으로, 세계 최고를 기록할 것으로 예측되고 있다(OECD 평균 55.4명). 이 인구 시나리오대로 진행된다면 사실상 근로 인구 1명이 노인 1명을 부양해야 하는 대한민국이 된다. 이러한 급격한 노인 부양비의 상승은 미래 연금 재정의 지속 가능성에 우려를 낳게 한다.

노인의 비중이 느는 것은 출산율의 저하와 평균수명의 연장이 원인이다. 출산율은 2005년 1.08명으로 최저선을 기록한 후 정부마다 저출산 대책을 내놓았지만 여전히 1.2명 안팎에 머무르고 있다. 수명도 예상을 넘어 길어져왔다. 수명 연장은 인간에게 축복일 수 있지만 국민연금제도의 재정 불안을 더욱 키운다.

여기서 근본적인 질문을 던져보자. 노인은 누구인가? 현재 노인은 65세 이상을 지칭하고, 고령화는 65세 이상의 인구 비율을 가리

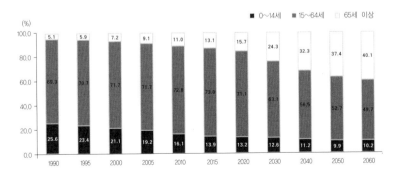

〈도표 52〉 연령별 인구 구성비

통계청(2011), 〈2010~2060 장래 인구 추계〉.

키는 지표다. 즉 나이가 기준이다. 과연 이 기준은 계속 유효할까?

나는 연금 개혁을 압박하는 고령화가 개념에선 인구학적 의제이지만 그 실체는 노동시장의 의제라고 판단한다. 우리가 정작 주목해야 할 주제는 생물학적 나이가 아니라 사회적 은퇴이다. 오래 사는 것이 문제가 아니라 일정 나이가 되면 생업에서 밀려나는 '은퇴 리스크'가 논의의 핵심이다. 장수는 생물학적으로 정의되지만 은퇴는 사람들이 만들어낸 사회구조에 의해 실행된다. 65세 이전에 사오정이 될 수도 있지만 반대로 신체가 허락할 때까지 자신의 경험을 살려 65세 이후에도 일할 수 있다.

왜 노인은 일자리 없이 20~30년의 여생을 살아야 하는가? 이들의 대부분은 일할 능력을 가지고 있고 일하고 싶어한다. 신은 이제 인간에게 65세가 넘어도 일할 수 있는 건강한 신체를 허락했지만 우리 사회가 이들을 노동시장 밖으로 쫓아내고 있다. 결국 장수가 축복 대신 재앙으로 묘사되는 배경에는 우리가 먹고사는 방식, 우리가 만들어낸 사회경제 구조에도 원인이 있다.

노인 일자리 개혁에 전력을 기울여야 한다. 지금도 일할 능력과 의지를 가진 노인들이 많다. 노동시장에 머무는 기간은 제한적인데 연금 수급 기간만 늘어나는 건 곤란하다. 평균수명이 연장됨에 따라 노인도 일을 할 수 있어야 한다. 이러면 지금은 노인들이 연금 수급자이지만 보험료 납부자로 전환될 수 있어 공적 연금 논의의 틀 자체가 크게 바뀔 수 있다. 국민연금 수급 개시 연령을 늦출 수 있고 기초연금의 급여율을 더 올릴 수도 있다. 대대적인 노동 시간 단축을 통한 일자리 나누기, 노인이 참여할 수 있는 연성 일자리 창출 등 획기적인 노동시장의 개혁이 요구된다.

또 하나의 질문을 던져본다. 과연 공적 연금만으로 미래의 노인 생활을 지원할 수 있을까? 노년기가 늘어나는 시대에 기존의 국가 중심의 복지를 유지하는 일은 만만치 않은 과제이다. 미래에도 여전히 국민연금의 사각지대는 넓고, 가입자 가운데 불안정 취업자들이 존재할 개연성이 크다. 기초연금의 강화를 위한 재원 확보가 순조롭지 않을 수도 있다. 지금처럼 의료비 지출에 대한 본인 부담이 존재하고 공공 주거도 개선되지 않으면 미래의 상당수 노인들은 적은 연금액과 의료비, 주거비 부담 등으로 빈곤 상태로 전락할 수 있다.

초고령사회가 인류가 경험하는 새로운 환경이라면 노인 복지 체계도 이에 조응해 진보해야 한다. 예를 들어 의료 체계는 아픈 뒤 치료하는 사후 시스템에서 미리 건강한 노년을 도모하는 예방 의료 체계로 강화돼야 한다. 주치의 제도가 정착되면 국민 개인별 건강 관리가 이루어지기에 의료비 지출도 절감할 수 있을 것으로 기대된다.

노년 세대의 경제활동 확대와 함께 노인의 생활 세계도 재구성되어야 한다. 노후 생활에는 연금, 의료만큼이나 마을, 지역 공동체도 필요하다. 은퇴 이후 삶의 질에 이웃, 사회적 관계 역시 중요하기 때문이다. 노인에게 '평안한 삶'은 경제적인 지원을 넘어 사회적, 문화적 망에서 구현될 수 있어야 한다. 이는 급격한 산업화와 도시화로 지역 공동체가 취약해진 우리나라에서 더욱 절실하다.

다행히 근래 마을, 지역 공동체에 대한 관심이 커지고 있다. 협동조합, 사회적 기업 등 다양한 시도도 이루어진다. 이러한 풀뿌리 지역 주체들이 벌이는 '마을 공동체 만들기' '지역 협동조합' 등은 노후 복지의 주요한 터전이며 미래 복지국가 대한민국을 작동하는 모세혈관으로 자리 잡을 것이다.

우리 세대의 책임을 미루지 말자

이제 이 책을 마친다. 초고령사회로 향해가는 대한민국에서 내 노후가 평안할 수 있을까? 우리 자식, 손주들과 정답게 손잡고 살 수 있을까? 갈 길이 멀다. 국민연금의 미래 재정은 불안하고, 기초연금을 감당하기엔 세금 장벽이 높다. 그래도 희망을 품고자 한다. 이에 기존 국민연금 중심의 관성적 시야를 넘고자 했고 기초연금 중심의 연금 개혁 모델을 제안했다. 기초연금은 현세대 노인 빈곤에 대처할 뿐만 아니라 미래의 노인에게도 국민연금의 가입 여부를 묻지 않기에 사각지대에 효과적으로 대응할 수 있다. 또한 당해 필요 재원을 당 세대가 마련하는 부과 방식의 재정 구조여서 고령화에 따라 지출이 점진적으로 늘어나므로 세대별 재정 연착륙을 가능하게 해주리라 기대한다.

물론 이 개혁 모델로 나아가는 길은 무척 험난할 것이다. 앞으로 이 길 위에 공적 연금에 대한 책임과 신뢰를 증진하는 '연금 정치'가 펼쳐지기를 고대한다. 연금 개혁은 아무리 시간이 걸리더라도 우리 세대가 인내심을 가지고 풀어야 할 숙제이기 때문이다.

지금까지 우리나라의 연금 정치는 '연금 불신'을 조장하는 역할을 해왔다. 정치권은 여야로 위치를 옮길 때마다 정책을 달리해 그렇지 않아도 불안정한 처지에 있는 국민연금을 더욱 힘들게 해왔다. 국민연금의 강화를 주장하는 시민단체들 역시 비판에서 자유롭지 않다. 이들이 강조하는 용돈 연금론 역시 마땅한 대안이 없는 주장이라는 점에서 의도와 무관하게 연금 불신에 일조해왔다.

이제부터 연금 정치는 공적 연금에 대한 새로운 인식에서 출발해야 한다. 특히 현행 국민연금에 대한 당위적 시야를 넘어서야 한다. 나는 이러한 문제의식에서 기존의 연금 상식을 비판적으로 검토했다. 관성적 기준에서 보면 '다르게 보기'이지만 사실 나의 판단에선 '있는 그대로 보기'에 다름 아니다. 그만큼 논란이 많은 내용이지만 지금이라도 공적 연금에 대한 객관적인 접근이 절실하다는 생각에서 글을 이어왔다.

공적 연금을 논의할 때 많은 사람들이 미래 세대의 부담을 걱정한다. 그런데 공적 연금의 지속 가능성 여부는 결코 미래 세대의 손에 달려 있지 않다. 지금부터 우리 세대가 어떠한 노력을 하느냐에 따라 공적 연금의 방향은 결정될 것이다. 공적 연금 개혁에서 현재 세대인 우리가 할 수 있는, 그리고 해야 하는 책임을 미래로 미루지 말자.

내가 만드는 공적 연금

고용 불안 시대의 노후 대비와 우리 세대의 과제

펴낸날 초판 1쇄 2016년 9월 20일

지은이 오건호
펴낸이 김현태

펴낸곳 책세상
주소 서울시 종로구 경희궁길 33 내자빌딩 3층(03176)
전화 02-704-1251(영업부), 02-3273-1333(편집부)
팩스 02-719-1258
이메일 bkworld11@gmail.com
홈페이지 www.bkworld.co.kr
등록 1975. 5. 21. 제1-517호

ISBN 979-11-5931-080-5 03300

• 잘못된 책은 바꾸어드립니다.
• 책값은 뒤표지에 있습니다.

이 도서의 국립중앙도서관 출판시도서목록(CIP)은 서지정보유통지원시스템 홈페이지
(http://seoji.nl.go.kr)와 국가자료공동목록시스템(http://www.nl.go.kr/kolisnet)에서
이용하실 수 있습니다.(CIP제어번호 : CIP2016021297)